虚構から史実へ

中国史書による国家の正統化について

渡邉義浩

早稲田新書
027

目次

はじめに――中国における歴史叙述とは

物語なき甲骨文字

文字により実在を確認できる最古の中国王朝は殷《いん》である。夏《か》を打倒して成立したとされる殷《いん》は、殷墟《いんきょ》（河南省安陽県小屯《かなんしょうあんようけんしょうとん》）から出土した甲骨文字《こうこつもじ》の解読により、殷王の支配のあり方が分かっている。たとえば、考古学的に殷墟に都を置いたことが証明できる紀元前一四〇〇年ごろの武丁《ぶてい》（第二十二代目の王）は、次のような占いをしたことが、甲骨文字《こうこつもじ》により記されている（原文ではなく、渡邉による訳を掲げる。以下同）。

癸巳《きし》の日に卜《ぼく》し、㱿《なん?》（という貞人《ていじん》）が貞《うらな》った、「（きたる）旬《しゅん》〔明日から十日間〕に災いはないだろうか」と。王は（卜兆を見て）占って、「希《たた》りがあるだろう。それは外敵の侵攻であろう」と言った。果たして五日目の丁酉《ていゆう》の日に至り、まことに来攻するものがあり、西からであった。沚戠《ししゅ?》が報告して、「土方《どほう》〔外敵の名〕が、我が東鄙《とうひ》に征して、二邑《ゆう》に災いしました。苦方《くほう》〔外敵の名〕もまた、我が西鄙《せいひ》の田を侵しました」と言った。

殷は、政治のすべてを占いによって定めていた。占いを行う人を貞人といい、占いには、亀の甲羅《こうら》や下図のような牛の肩甲骨《けんこうこつ》が使われた。その占いの結果を書き記すために使われた文字が、漢字の起源とされている甲骨文字である。

十九世紀末に、羅振玉《らしんぎょく》・王国維《おうこくい》らの解読から始まった甲骨文字の研究により、王位継承・戦

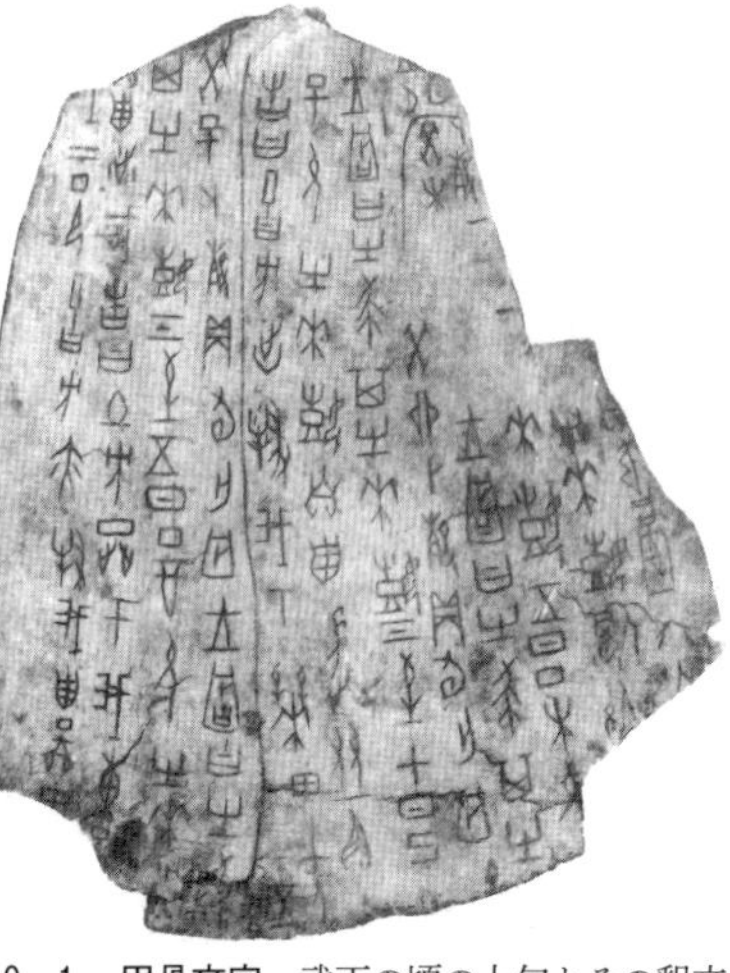

図0-1　**甲骨文字**　武丁の頃の卜旬とその釈文

争・農業・祭祀など、さまざまな政治が、占卜《せんぼく》を通じて「上帝《じょうてい》」の意志を占うことにより行われていたことが明らかとなった。もちろん、殷や戠のように、すでに滅んでしまった文字も多い。

ここでは、貞人が行った卜兆《ぼくちょう》（骨に熱を加えて出来るひび割れの様子）を見て、王の武丁は、上帝が外敵の侵攻のあることを卜兆に示していると読み取っている。そして、占いの通り、西から土方と苦方の侵攻があったと、甲骨文字は記しているのである。

上帝と殷《いん》王は、殷王の側には人間としての主体性がない、一方的に殷王が上帝に従属するという一種の君臣関係にあった。甲骨文字によれば、殷は、自然現象を支配し、自然物を神格化した上帝《じょうてい》を最高神とし、その他にも、殷王室の遠祖と見なされている高祖神《こうそしん》、先臣天神を神格とする先臣神《せんしんしん》を祀《まつ》っていた。上帝、そして祖先神を祀ることが、殷王の政治の最も重要な内容であった。殷は、多くの古代文明と同じように、政治と祭祀が一致する祭政一致《さいせいいっち》の神権政治《しんけんせいじ》を行っていたのである。

殷の後期に進むにつれ、上帝は、祭祀主体である殷王そのものと合一する傾向を見せていく。しかし、殷王の命令は、結果として上帝の意志の範囲を出ることができず、殷王が上帝に対して、人間としての主体的意志を発揮することはなかった。こうした状況では、物語は生まれない。史は、ありのままの記録であり、そこに何らかの虚構性を加えて、王を正統化する必要は存在しなかった。

物語の誕生

殷墟の西方、渭水《いすい》盆地から台頭した周《しゅう》（西周）は、前一○七○年ごろ、武王《ぶおう》が殷を打倒して、鎬京《こうけい》に都を置いた。殷周革命は、支配氏族が交替しただけで、国家の構造が邑《ゆう》と呼ばれる城壁に囲まれた小国家の連合体（邑制《ゆうせい》国家）であることは同じであった。最も重要なことは、最高神であった上帝が、周《しゅう》の金文《きんぶん》（青銅器《せいどうき》に鋳込《いこ》まれた文字）では「天《てん》」に代わられたことである。変わったものは文字だけではない。周の最高神である天は、自然神ではなかった。

西周の第三代の康王《こうおう》（前一〇二〇～前九九六年）が、周に従う盂《う》という人物に官職を授与し、その任務を詳述している大盂鼎《だいうてい》（下図）には、殷王がどのように支配権を失い、周がなぜ天下を獲得し、それを維持できる正統性を得

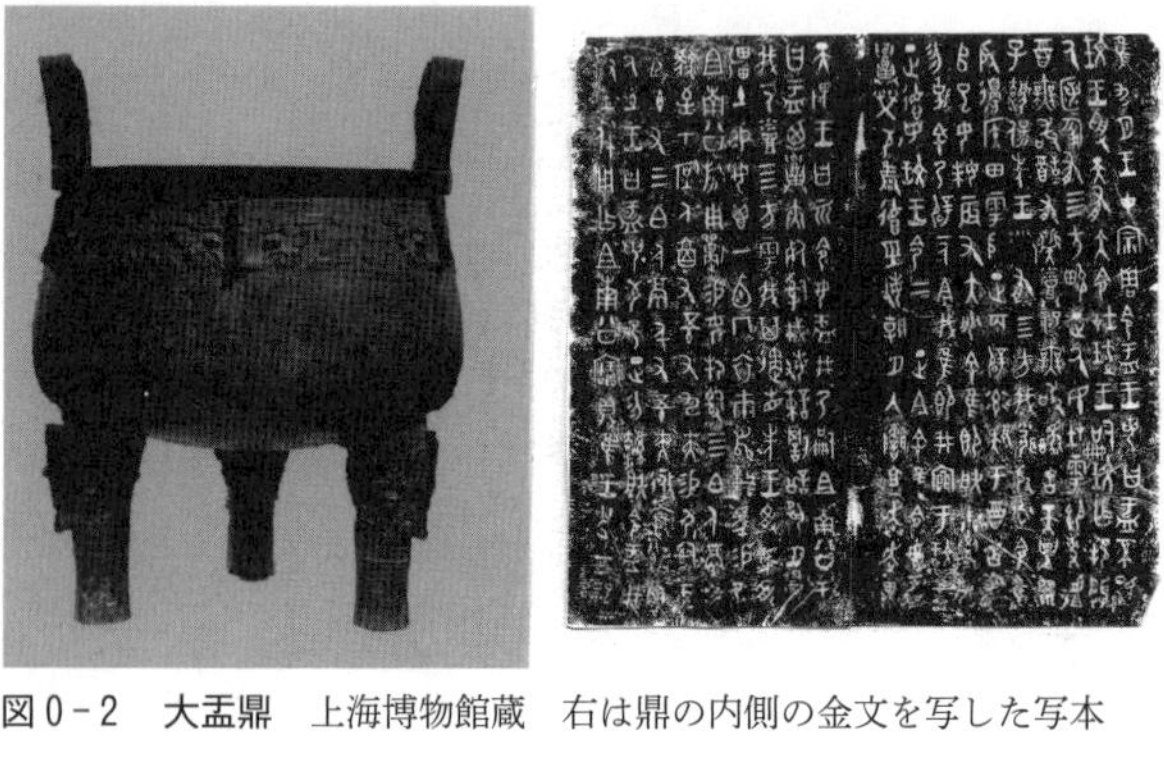

図０－２　**大盂鼎**　上海博物館蔵　右は鼎の内側の金文を写した写本

たのかについて、次のように記述されている。

王はこのように言っている。盂よ、大いに顕らかなる（周の）文王《ぶんおう》は、天の有する大命を授けられ、（その子の）武王《ぶおう》は、文王を嗣《つ》いで邦《くに》を作った。（武王は）隠れた罪悪を暴き、四方を進み有し、その民を正し、酒を飲んでも酔うことはなく、□し、祖先を祀《まつ》っても乱れることはなかった。このために天は助け臨み、いつくしんで先王を守り、四方を匍有させた。わたしが聞くには、殷が天命を失ったのは、殷の辺侯甸《へんこうじゅん》と殷の正百辟《せいひゃくへき》とを率いて、酒をほしいまま飲んだからである。このために軍を失ったのである。

大盂鼎は、周室の工房が製作した青銅器である。このため、最初に挙げられる「盂」に対して、周室は自らの正統性を述べている。そこで用いられる文字は、金属に鋳込まれているので金《きん》文《ぶん》という。金文は、甲骨文字に比べて読みやすいが、□で表記した欠けている文字や、漢文《かんぶん》（漢代の語彙や文法）では用いなくなる表現もあり、なかなか意味がとりづらい。

大盂鼎は、周が殷に代わって王朝を開いた理由について、第一に文王が天命《てんめい》を受けたこと、第二に武王《ぶおう》が四方を征服したことを挙げている。文王が天から命を授けられた理由は、酒に酔わずに徳を修めたことに求められる。天命の降下という人知を超えた現象を人間が倫理的に自戒することにより受けることができるのである。ここには、人間により、天下を変えられるという主体性を見ることができる。周の天は、それを許容する。上帝の意志を一方的に占っていた殷とは異なる神（天）への接し方が、周の金文には見られるのである。人間の行為を見て、天命を授ける天は、自然神ではなく人格神、そして主宰神になっていることも分かる。

しかも、周の創建は、文王が天命を受けたことだけでは説明されず、武王が現実的な力により四方を征服したことにも理由が求められている。これは重要である。人間の主体的な営みが、天下を統治する正統性として認められると共に、天命を受ける者が天子《てんし》、四方を征服する後者が王《おう》（始皇帝《しこうてい》以降は皇帝）と呼ばれる、中国の支配者の持つ二つの側面が、ここに始まるからである。

殷王が酒を飲みすぎたことにより、天下を失ったという説明も、殷の上帝と王との関係からは生まれない、人間の主体性を尊重した説明の仕方である。事実として殷王が酒を飲み過ぎたかどうかは分からない。それでも、先に掲げた甲骨文で敵の侵攻を占っていた武丁《ぶてい》の配偶者である婦《ふ》好《こう》が被葬者とされる、殷墟M五号墓に副葬された青銅器のうち、祭祀用の食器は、煮炊用としては鼎《てい》が三十一点・甗《げん》が十点、盛食器としては簋《き》（𣪘）が五点、盂《う》が一点出土している。これに対して、酒器としては、偶方彝《ぐうほうい》が一点、方彝が四点、尊《そん》が十点、兕觥《じこう》が八点、壺《こ》が四点、瓿《ほう》が三

図０－３　殷周時代の青銅器

点、卣《ゆう》が二点、罍《らい》が二点、斝《か》が十二点、盉《か》が六点、觶《し》が二点、觚《こ》が五十三点、爵《しゃく》が四十点出土しており、酒器類が百四十七点、なかでも飲酒用の觚と温酒用の爵が圧倒的な多さを示している（前ページの図も参照）。かなり、お酒の好きな王朝であったことは間違いないであろう。それでも、物語を持たなかった殷は、天という人間の主体性を許容する神を持った周により、酒によって滅んだ王朝という物語を創作されたと言ってよいであろう。

物語の伝承

中国最古の物語集であり史書でもある『尚書《しょうしょ》』（書経《しょきょう》）には、西周の青銅器の金文を起源とする文章がいくつか残っている。『尚書』の中でも、最も古い部分とされる「周書《しゅうしょ》」の一篇である酒誥《しゅこう》篇は、次のように大盂鼎《だいうてい》と共通する表現を持っている。

> （成《せい》）王は言った、「（殷《いん》の余民を率いさせ、殷墟に封建した康叔《こうしゅく》）封《ほう》よ。我が西地（の周国）では、かの（地方の）邦君《ほうくん》と（その）官吏や若者たちは、よく文王《ぶんおう》の教えを用いて、酒に浸《ひた》ることのないように、と心がけている。そのために我々は、今に至るまで、殷の（有していた天）命を（代わって）受けることができたのである」と。……わたしはこうも聞いてい

る、「いま（殷の）後嗣《あとつぎ》の王（である紂王《ちゅうおう》）は、その（受けていた天の）命を迷い信じて、民を敬《いつく》しむことを大切にせず、（民の）怨みにも安逸《あんいつ》なまま（態度を）改めることはなかった。ほしいままに乱れて、非法を楽しみ、宴飲《えんいん》ばかりをして、（王としての）威儀《いぎ》を失った。（殷の）民で心を痛めない者はなかった。（それでも、紂王は）ただ酒浸《びた》りになるだけで、自ら（安逸を）止めず、つねに逸楽に耽《ふけ》り、心は（人道を）害し背《そむ》いて、死を恐れなかった。（こうして紂王の）罪は（都の大《たい》）邑商《ゆうしょう》にあって（満ちあふれ）、殷国が滅んでも、憂えなかった。政治がもたらす芳《かぐわ》しい香りが、祀《まつ》りによって天に登り聞こえず、民の怨みだけ（が、天に聞こえたの）であった。（王だけでなく）多くの官吏も酒を飲み、その生臭《なまぐさ》さが（天に）聞こえた。このため天は、滅亡を殷に降して、安逸に耽《ふけ》る殷を惜しまなかった。（これは）天が虐《しいた》げたのではなく、殷人《いんひと》が自ら招いたのである」と。

『尚書』酒誥篇

この文章について、当時の史官が成王の言辞をそのまま書き、記事を付加したとする説もある。果たしてそうであろうか。王の言葉そのものまでが、史官の作文、すなわち物語である蓋然性は高い。金文には、殷王の酒の飲み過ぎについて、成王が語った言葉までは残らないためである。酒を嗜《たしな》む程度にした周が天命を受けて、飲みすぎた殷に代わったという物語は、『尚書』に継承され、成王の言葉が付けられることで、物語としての目鼻だちが整ってきた。

『尚書』は、春秋《しゅんじゅう》時代（前七七〇～前四〇三年）の末期を生きた孔子《こうし》により『詩経』と共に尊重され、やがて儒家《じゅか》の経典《けいてん》になる。しかし、儒家に専有される前は、民族の古典として「諸子《しょし》百家《ひゃっか》」にも広く読まれていた。孔子の影響を受けながら自らの説を立て、儒家を厳しく批判した墨家《ぼくか》にも、『尚書』の物語は継承されている。そして、『墨子《ぼくし》』では、殷の紂王は、単なる酒飲みではなく、様々な悪事を働く王へと物語が膨らまされていく。

『墨子』の紂王批判

墨家《ぼくか》は、侵略戦争を否定する「非攻《ひこう》」説を特徴的な主張とするが、後期になると聖王による悪人への戦争を「誅《ちゅう》」として肯定せざるを得なくなる。諸子百家は、それぞれ単独で学説を述べていたわけでなく、他の諸家と厳しく批判し合いながら、自説を展開していく。したがって、『墨子』などの著作は、墨家の創始者とされる墨翟《ぼくてき》（墨子）一人が著したのではなく、墨子の後学者たちにより次々と書き加えられていった自派の共有テキストなのである。たとえば非攻篇は、上・中・下に分けられているが、この順番で書かれたと考えてよく、戦国《せんごく》時代（前四〇三～前二二一年）となって下克上《げこくじょう》が当たり前とされるころに書かれた下篇では、上篇のように全面的に戦争を否定するのではなく、聖王の戦争だけは正統化している。その具体的な事例のなかで、悪役として殷の紂王の像が膨らまされていくのである。

侵略好きの君主が、墨子の説を批判し、禹《う》王（夏の建国者）は有苗《ゆうびょう》を征し、湯王《とうおう》（殷の建国者）は桀王《けつおう》を討ち、武王《ぶおう》は紂王を討って聖王となった、と侵略を肯定する。それに反論しながら『墨子』は、これら聖王の事業は、侵略ではなく「誅」である、という主張を展開していく。その際に『墨子』は、武王による紂王への「誅」を次のように説明する。

学派	人物	内容
儒家	孔子、孟子、荀子	孔子の唱える「仁」と「礼」を重んじる。その思想は弟子らの手で『論語』にまとめられ、孟子、荀子により発展した。
法家	韓非	法による厳格な統治（法治主義）の実践を説き、刑罰を重んじた。のちに中国を統一する秦の始皇帝に採用された。
道家	老子、荘子	万物の根源とされる「道」を重んじ、自然のままにあることと（無為自然）を理想とした。「老荘思想」とも呼ばれる。
墨家	墨子	人々を平等に愛すること（兼愛）を説き、侵略戦争を否定した（非攻）。儒家と激しく対立した。
名家	公孫龍	「白い馬は馬ではない」という「白馬非馬論」をはじめ、名前と実体の関係を追求する教えを説いた。
陰陽家	鄒衍	万物は陰と陽の二気によって生まれ、森羅万象は木・火・土・金・水という五行の消長によって説明されるとした一派。
縦横家	蘇秦、張儀	強国の秦に対抗するために、戦国の七雄のうち残り 6 国が連合する合従策や、6 国それぞれが秦と同盟する連衡策を説いた。
雑家	呂不韋	儒家や道家、法家、墨家など、諸家の教えを折衷・参酌した説を唱える一派。
農家	農業の専門家	「人はみな農業に従事すべき」とし、君主も民も平等に農耕にいそしむよう説いた。
小説家	鬻子、青史子	故事や説話を書物に記して残した一派。その書物はほぼ現存しない。
兵家	孫武、孫臏	用兵や戦術などを論じた一派。戦わずして勝つにはいかにすべきかという効率性を重んじていた。

（六家：儒家〜陰陽家／九流：儒家〜農家／十家：儒家〜小説家）

図0-4　諸子百家　上記11学派に対する総称。なかでも儒家、法家、道家、墨家、名家、陰陽家を合わせて六家と呼んだ

商（殷）の王が紂に至ると、天は紂の徳を王に相応しくないとみなした。祭祀は時に応ぜず、（そのため）十日間も深夜に土が雨のように降り、（王室の宝器の）九鼎《きゅうてい》が姿を消し、女の幽霊が夜中に現れ、鬼が暗闇でうめき声を挙げ、娘が男に変わり、肉が雨のように降り、都の道に棘《いばら》が生えた。それでも、紂王は少しも慎まず、ますます好き放題をした。（そのころ、周の国では）赤烏《せきう》が字を刻んだ珪《けい》を銜《くわ》えて、周の岐山《きざん》の社に舞い降り、「天は周の文王に命じて、殷を伐って国を保たせる」と言った。また（吉祥である）大きな頭の人が（周に）やって来て、黄河《こうが》からは緑色の図版が現れ、大地からは栗毛の神馬が踊り出た。武王は位に就くと、夢に三柱の神々（鬼神《きしん》、天の使い）を見た。神々は武王に、「我らは殷王の紂を酒に溺《おぼ》れさせている。汝《なんじ》は行って殷を攻めよ。我らは必ず汝に大勝させよう」と言った。そこで武王は狂夫《きょうふ》（の紂）を攻め、商の国を鎮定した。天は武王に黄鳥《こうちょう》の旗を賜った。武王は殷に勝ち、天の賜り物である幸福な事業を完成した。（そして、これを助けた）神々を諸国に命じて祀《まつ》らせ、また殷の先王を祀らせ、四方の夷狄《いてき》（の使者）を通じたので、天下の人々は喜び仕えた。こうして武王は、（殷を始めた）湯《とう》王の事業を受け継いだ。これが武王の紂を誅《ちゅう》した理由である。

『墨子』非攻篇下

『墨子』の物語で注目したい点は、殷の紂王には、「王」という称号が付けられず、「狂夫」と表現されていることである。下克上には、自らの君主を殺害してよいのか、という正統性の問題が付きまとう。墨子に厳しく反論した孟子《もうし》は、君主に徳がない場合、天はその命を革《あらた》めて天子の姓を易《か》えるという「易姓革命《えきせいかくめい》」説を主張する。その際、『孟子《もうじ》』は、殷の武王の「義戦《ぎせん》」に敗れた紂王を「一夫」と表現している。王ではなく、一人の男を殺したに過ぎない、とすることで、自らの君主を殺害したという批判に対抗しようとしたのである。

墨家は、儒家の孟子学派と関わることで自説を展開し、紂王を「狂夫」としたのであろう。「狂夫」である紂は、単なる酒飲みを超えて、少しも慎まずに好き放題をする。その結果、一人の「狂夫」として周の武王に「誅」されたのである。

また、墨子は、天に意志があり、その意志を実現するため鬼神《きしん》が人界に降り立ち、天の意志を実現するという「天志説《てんしせつ》」を分かりやすく伝えるため、紂は鬼神により酒に溺れさせられた、と物語を展開している。『論語《ろんご》』雍也篇《ようやへん》が孔子の言葉として、「鬼神を敬して之《これ》に遠ざく。知と謂《い》ふ可《べ》し」（敬遠という言葉の語源）と伝えているのは、墨子の尊重する鬼神への対抗である。

「諸子百家」は、たとえば『韓非子《かんぴし》』が「矛盾」という物語により儒家の尊重する尭《ぎょう》と舜《しゅん》を批判したように、物語によって自派の説を分かりやすく説明し、他派の説を厳しく批判していた。

『墨子』は、紂が殷を滅ぼした物語に鬼神を加えることで、「非攻説」と共に「天志説」を主張しているのである。

こうして聖王の戦いは、侵略ではなく「誅」であり、天は鬼神を使って天の志を実現する、という『墨子』の主張を具体的に伝えるために、紂王は、ますます悪逆非道に描かれ、物語化が進められた。そして、漢代に書かれた『史記《しき》』になると、紂王の物語は完成する。日本語でも使われる、「酒池肉林《しゅちにくりん》」の宴会を楽しむ紂王の姿が形成されるのである。

『史記』の酒池肉林

前漢《ぜんかん》（前二〇二～八年）の武帝《ぶてい》に仕えた司馬遷《しばせん》が著した『史記』には、殷の紂王の暴君としての姿が、きわめて具体的に描かれている。『史記』の記述により、紂王は、夏《か》を滅ぼした桀《けつ》王と共に、中国史上最悪の暴君として「桀紂《けっちゅう》」と並称されていく。

帝紂《ていちゅう》は、生まれつき悪がしこく、行動が敏捷で、見聞に聡《さと》く、材力《さいりょく》は人に勝り、素手《すで》で猛獣を生け捕りにした。また悪智慧があり、諫言をやり込め、口も上手なので、悪事を善事と言いくるめられた。自分に能力があることを誇り、天下に並ぶ者はないと驕《おご》り高ぶった。酒を好み溺れるほど飲み、女に戯《たわむ》れて妲己《だっき》を愛し、妲己の言うことであれば、何でも聴いた。(音楽家の)師涓《しけん》に新しい淫《みだ》らな舞楽である「北里の舞」「靡々《びび》の楽」を作らせて宴楽に耽《ふけ》った。賦税《ふぜい》を重くして鹿台《ろくだい》に多くの銭を蓄え、鉅橋《きょきょう》の倉に米穀を満たした。(賭け事のために)狗《いぬ》や馬を集め、奇玩《きがん》を漁《あさ》って宮殿に充たした。(離宮の)沙丘《さきゅう》の庭園や台樹を広め、多くの野獣や飛鳥を集めて、その中に放った。そして鬼神を蔑《ないがし》ろにして大勢の者を集めて、沙丘に遊楽した。酒を注いで池とし、肉を懸《か》けて林とし、男女を裸にして、その間を互いに追わせ、長夜の宴《うたげ》をした。天下の者は怨み、諸侯の中には命を奉じない者も現れた。そこで紂は、刑罰を重くして、炮烙《ほうらく》の刑(銅の柱に油を塗《ぬ》り、炭火を下に焚いて、その上を渡らせ焚死させる刑)を設けた。

『史記』殷本紀

紂王を描いたこの『史記』の物語の中から、「酒を以《もっ》て池と為《な》し、肉を縣《か》けて林と為す(以酒為池、縣肉為林)」を典拠に、「酒池肉林」という言葉が生まれる。周の「大盂鼎《だいうてい》」に書かれた「酒をほしいまま飲んだ」紂王の物語は、千年あまりの時を経て、『史記』に至って完成した。しかも、『史記』が「正史」の筆頭という形で史書としての権威を持つことで、紂王の酒好きは

「史実」とされていくのである。
甲骨文字の研究により、紂王は「酒池肉林」の王であったことが疑問視されている。帝辛《ていしん》（紂王）は、前代まで続いていた人身御供《ひとみごくう》を止めるなど、殷の支配の建て直しを試みていた、とする説も出されている。それが衝撃的に受け止められるほど、紂王の暴君として物語は、『史記』により「史実」として普及していったのである。

物語と史書の間

史書に書かれた「史実」は、すべてが事実と等しいわけではない。実際、こうした紂王物語の展開に疑問を持つ人もいたことが、『論語《ろんご》』子張《しちょう》篇では、子貢《しこう》の言葉として次のように伝えられている。

子貢が言った、「紂《ちゅう》の不善《ふぜん》は、それほどひどくはなかった。それゆえ君子は下流（悪行をして人の下）にいることを嫌う。（それは）天下の悪事がすべて、ここになすりつけられるからである」と［二］。

［一］孔安国《こうあんこく》は、「紂は不善をなしたことにより、天下を失い、後世においてひどく憎ま

れている。みなが天下の悪事を紂になすりつけたからである」と言っている。

『論語集解』子張篇

『論語』では、孔子の弟子である子貢が、紂王の不善はそれほどひどくはない、と言っている。孔子の子孫である孔安国のものとされる注でも、みんなが天下の悪事を紂王になすりつけていた、と説明される。これまで見たものとしては、『尚書』や『墨子』などが、「みな」にあたろう。そうして紂王の物語が膨《ふくら》むことで、事実と異なってきていることに、子貢は注意を促しているのである。

司馬遷は、『論語』を孔安国から学んでいる。『史記』の中で孔子を描いた孔子世家《こうしせいか》と、孔子(仲尼《ちゅうじ》)の弟子を描いた仲尼弟子列伝《ちゅうじていしれつでん》では、『論語』を素材として、孔子とその弟子たちの生き方をまとめている。したがって、『論語』子張篇の子貢の言葉も読んでいるはずである。それではなぜ、司馬遷は事実として疑問の残る紂王の物語を史書に記したのであろうか。そもそも、司馬遷の『史記』は、史書なのであろうか。あるいは、中国における史書は、事実を記すものなのであろうか。

司馬遷の『史記』は、前漢の武帝期に書かれているが、司馬遷自身は『太史公書《たいしこうしょ》』と名付けており、五章で述べるように思想書であった。それが、後漢《ごかん》（二五〜二二〇年）の末ごろから、『史記』と呼ばれるようになっていく。史書として『史記』を読む意識が普及したと考えてよい。やがて、唐《とう》（六一八〜九〇七年）になると、『史記』など紀伝体《きでんたい》（皇帝の年代記である本紀《ほんぎ》と臣下の伝記である列伝《れつでん》を中核とする史書の著し方。他に年代順の編年体《へんねんたい》などもある）の史書は、「正史」として分類されていく。北宋《ほくそう》（九六〇〜一一二六年）には、『史記』から欧陽脩《おうようしゅう》の『五代史記《ごだいしき》（新五代史）』までの十七種の紀伝体の「十七史」を国家が正史として公認する。

『史記』が歴史書である、という「常識」は、司馬遷から千年以上も後の北宋という国家が定めたものなのである。司馬遷は、結論的に言うと、『春秋《しゅんじゅう》』、なかでも『春秋左氏伝《しゅんじゅうさしでん》』を規範として、自らの主張のための物語を集め、それを皇帝・諸侯などの身分の違いと時系列に従って並べた思想書として、『史記』を著している。

それでは、なぜ物語を集めた思想書が、史書として読まれたのであろうか。あるいは、中国において史書とは、事実を記すものなのであろうか。本書は、中国で「正史」が定められる「近世中国（宋〜清《しん》）」より以前、「古典中国」における物語から史書への展開を述べていくものである。

第一章　聖王たちの表現

1　孔子が夢見た人

『史記』に記される周公旦

儒家の祖である孔子《こうし》とその弟子の言行録である『論語《ろんご》』には、次のような孔子の言葉が残されている。

孔子が言った、「甚だしいな、わたしが衰えたことも。久しいな、わたしは、もはや夢に周《しゅう》公《こう》を見なくなった」と。

孔子が夢にまで見た周公旦《しゅうこうたん》は、周の文王《ぶんおう》の四男にあたる。『史記』周本紀および魯周公世家《ろしゅうこうせいか》によれば、周公旦は次兄の武王《ぶおう》を助けて牧野《ぼくや》の戦いで殷の紂王《ちゅうおう》を討ち、魯に封建されたが、赴任せずに王城に留まり武王を輔弼《ほひつ》する。武王が崩御すると、まだ襁褓《きょうほう》（おくるみ）の中にいた幼少の成王《せいおう》に代わって践阼《せんそ》（即位）して、成王の摂政《せっしょう》となり、周を安定させた。しかし、殷の遺民を率いた武庚《ぶこう》（禄父《ろくほ》。紂王の子）を監視していた三兄の管叔鮮《かんしゅくせん》・五弟の蔡叔度《さいしゅくど》たちは、周公旦の簒奪を疑い、武庚を擁立して乱を起こす（三監《さんかん》の乱）。周公旦は、自ら兵を率いてこれを鎮圧し、東方の異民族も平定した。成王の七年、東都の洛邑《らくゆう》（成周《せいしゅう》。現在の洛陽《らくよう》）を造営すると、成人した成王に大政を返還する。そして、『周官《しゅうかん》』（のちに『周礼《しゅらい》』とされる）を著し、周の礼楽《れいがく》を定めて制度を改めた、と『史記』は記している。

「酒池肉林《しゅちにくりん》」の宴会をする紂王《ちゅうおう》の像と同様、『史記』に記される周公旦の像までには、様々な物語が展開されている。周公旦を記す金文《きんぶん》資料からみていこう。

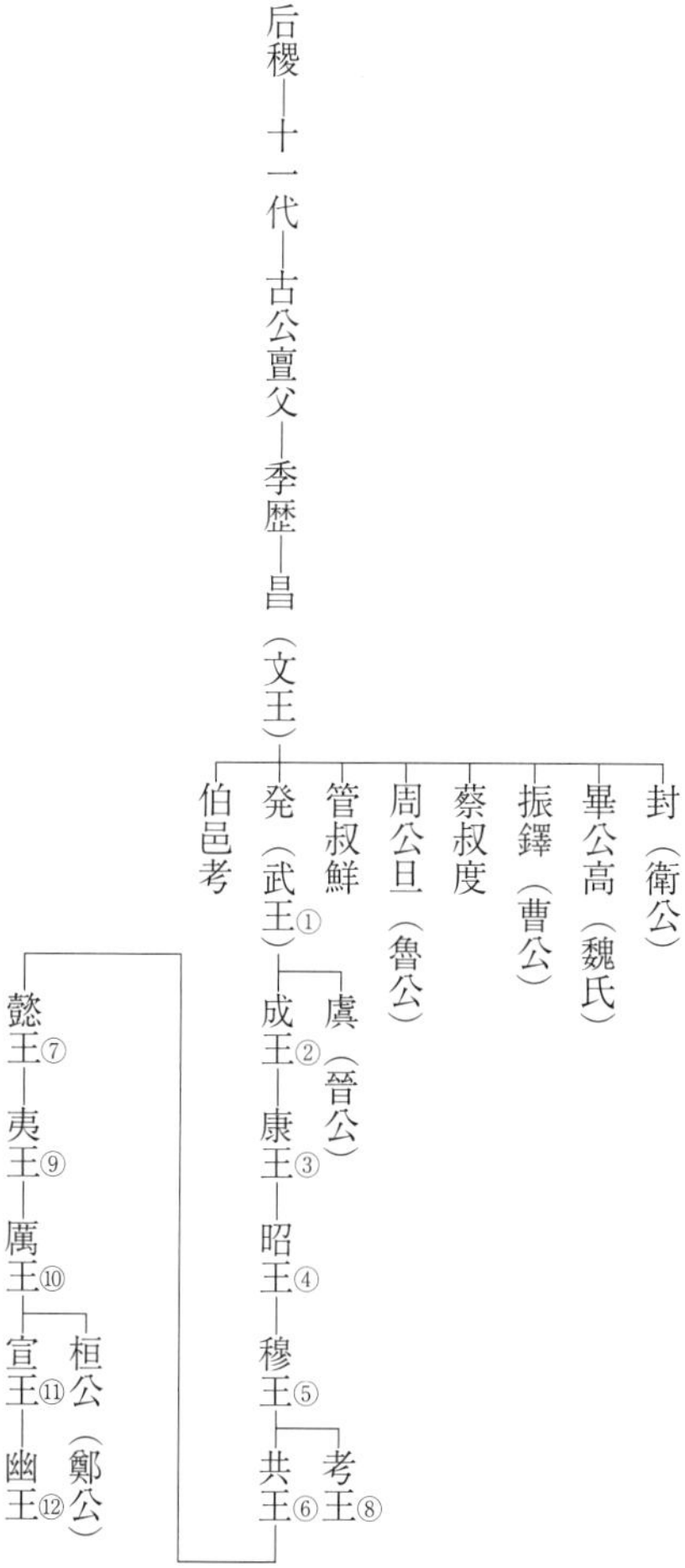

后稷
十一代
古公亶父
季歴
昌（文王）
伯邑考
発（武王①）
管叔鮮
周公旦（魯公）
蔡叔度
振鐸（曹公）
畢公高（魏氏）
封（衛公）
成王②
虞（晉公）
康王③
昭王④
穆王⑤
共王⑥
考王⑧
懿王⑦
夷王⑨
厲王⑩
宣王⑪
桓公（鄭公）
幽王⑫

図1－1　周王室系図

即位しない周公旦

周公旦に関係する青銅器には、小臣単觶《しょうしんたんし》、塱方鼎《ぜん?ほうてい》などの九種がある。小臣単觶には、王が紂《ちゅう》王《おう》の子である武庚《ぶこう》の乱を平定した後に、成《せい》という場所で軍を止《とど》めた際、小臣単が周公より錫《すず》を受け、それを記念して青銅器を作ったと記される。この場合の王とは、すでに崩御している武王《ぶおう》ではなく成王《せいおう》であるため、武庚たちの乱は、成王が自ら軍を率いて平定し、周公旦はそれを補佐していたことになる。

また、塱方鼎は、周公が東方の異民族を平定して帰り、周の廟《びょう》で祭祀をし、その最終日に、塱に貝百朋《つい》を賜与したことを記念して製作された旨が記される青銅器である。ここでも周公旦は、「王」と表記されない。幼い成王に代わって即位したという『史記』の記述と、金文の記載とは異なるのである。武王が崩御した際、成王は十五歳から二十歳ごろと考えられる。したがって、自ら武庚の乱に赴くことは可能であり、『史記』に記される「繈褓（おくるみ）の中にいた」年ごろとは考えられない。

そもそも武庚の乱が、『史記』の記述と異なる新出資料もある。趙偉国《ちょういこく》が香港の古物市場で購入し、二〇〇八年に清華《せいか》大学に寄贈した、戦国《せんごく》中期から晩期の楚の竹簡《ちくかん》である「清華大学蔵戦国竹簡」に含まれる『繫年《けいねん》』という戦国中期に書かれた資料である。そこでは、周公旦の三兄の管《かん》叔鮮《しゅくせん》・五弟の蔡叔度《さいしゅくど》ではなく、殷民が周に背いて彔子耿《ろくしこう》（武庚）を擁立し、監視していた管叔らを殺して反乱を起こし、周は成王自らこれを平定した、と記されている。乱の原因も、こちらの方が分かりやすい。ここで注目したいことは、『繫年』が、金文資料と同じく、武庚の乱を平定した者を周公旦ではなく、成王自身としている点である。

後に掲げるように『孟子《もうじ》』でも、周公旦は王として即位していないことが明記されており、『史記』に記される、自ら王に即位して成王の摂政となったという周公旦の像の方が、事実からは遠いと考えてよい。それではなぜ『史記』は、周公旦が王として即位したと記述するのであろうか。そこには、儒教経典《けいてん》の筆頭である『尚書《しょうしょ》』とその解釈にみえる周公旦の像が大きく関わっている。

『尚書』の武庚征伐

『尚書』は、古くは単に『書』と呼んだが、漢《かん》代には『尚書』（至上の文書）と尊重され、南宋《なんそう》（一一二七〜一二七九年）以降は、『書経』という呼び名が普及する。『尚書』は、「虞書《ぐしょ》」（尭・舜の時代）・「夏書《かしょ》」（夏の時代）・「商書《しょうしょ》」（殷の時代）・「周書《しゅうしょ》」（周の時代、秦《しん》の穆公《ぼくこう》まで）に大別される。最も古く成立したのは、「周書」のうち、西周の文王や周公旦《しゅうこうたん》の言葉を記した「五誥《ごこう》」（大《たい》誥《こう》・康誥《こうこう》・酒誥《しゅこう》・召誥《しょうこう》・洛誥《らくこう》）である。

これらのうち大誥は、成王が武庚《ぶこう》への征伐を占い、吉と出たことで諸侯と共に征伐に赴く決意を述べたものである。

> 王が言うには、「むかし（武王が殷の紂王を討ったとき）のように、わたしも（謀叛を起こした武庚の討伐に）行こうと思うが、わたしは（討伐の）艱難《かんなん》に日々思いを巡らす。（とはいえ征伐はやむを得ない。たとえば）父が（家を作ろうと）すでに寸法を定めたのに、子が土台を作れなければ、建築できない。（となれば）その父兄はどうして、「わたしに（よい）後嗣《あとつ》ぎがあって（わたしが築いた）基礎を棄てない」と言えようか。また、父が草刈りをしたのに、その子が（種を）蒔《ま》けなければ、収穫できない。（その場合）その父兄はどうして、「わたしに（よい）後嗣ぎがあって（わたしが築いた）基礎を棄てない」と言えようか。（それと同じで）わたしはどうして自分自身で文王の大命を安定させないでよかろうか。皇考《こうこう》（武王）は、（他から来て）その子（である成王）を伐つ者があれば、（武王は成王を勉励し、鼓舞して）救わないでおれようか。
>
> 『尚書』大誥篇

このように、『尚書』大誥《たいこう》篇でも、成王は自ら武庚への征伐に行く決意を述べている。しかし、この篇を成王は自ら武庚を征伐したと解釈することは、多くはない。征伐は、周公旦がした、とされるのである。たとえば、後漢《ごかん》の鄭玄《じょうげん》（?〜二〇〇年）は、冒頭の「王」を周公旦が一時的に称したものとし、この文章を周公旦の決意表明、と解釈する。それは、『尚書』大誥篇の「序」が、次のように大誥篇を説明することを主因とする。

> 武王が崩御して、（殷の後裔である武庚《ぶこう》を監視していた管叔《かんしゅく》・蔡叔《さいしゅく》・霍叔《かくしゅく》の）「三監《さんかん》」と淮夷《わいい》（の奄《えん》。魯が建国される場所）が（周に）叛《そむ》いた。周公旦は、成王を助けて殷を討とうとして、大誥を作った。
>
> 『尚書』大誥篇序

『尚書』は、春秋・戦国時代（前七七〇〜前二二一年）には編集が始まり、秦《しん》の博士《はくし》であった伏生《ふくせい》（伏勝《ふくしょう》）が、漢の成立後に、二十九篇の『尚書』（今文尚書《きんぶんしょうしょ》）を欧陽生《おうようせい》・張生《ちょうせい》に授けたとされる。『尚書』の「序」は、伏生の後学が著し、前漢中期には成立していたと言われ、『尚書』の本文よりも、かなり成立が遅れる。このため、『尚書』成立時からの物語の展開の結果を受けて、周公旦が成王に代わって三監の乱を平定に赴くことを前提に、大誥篇を説明しているのである。

これに対して、孟子《もうし》の言行をまとめた『孟子《もうじ》』が著されたころには、まだ『尚書』の全篇は成立しておらず、序も付けられていなかった。このため、『尚書』の記述をもとにして、『孟子』に描かれた周公旦像は、漢代の尚書学を経た『尚書』の周公旦像とは、異なる姿をしている。

『孟子』の周公旦像

孟子は、孔子と同様、周公旦の子である伯禽《はくきん》が初代の公となった魯《ろ》に生まれた。孟子は、墨子が尊重する禹《う》が聖人として夏《か》王朝を開いたことに対して、孔子が聖人でありながら、なぜ王朝を創設できなかったのかを説明する必要があった。そのために、周公旦が王にならなかったことを次のように、孔子が王にならない論証にしている。

そもそも匹夫（一介の平民）でありながら、天下を保つ天子となる者は、徳が必ず舜《しゅん》や禹のように高く、かつ天子の推薦という条件がなければならない。このため孔子は、その徳は舜・禹にも劣らなかったが、天子の推薦がなかったので、天下を保つには至らなかった。また、親の後を嗣《つ》いで天子となる者は、すでに天命が定まっているので、桀《けつ》や紂《ちゅう》のような暴虐の君でなければ、容易に天が見捨てることはない。このため益《えき》（禹王の宰相）と伊尹《いいん》（湯王の宰相）と周公旦は、天子になれなかったのである。……周公旦が天子となって天下を保有しなかったのは、ちょうど益の夏における場合、伊尹の殷における場合と同じである。孔子が、「唐尭《とうぎょう》と虞舜《ぐしゅん》は賢者に譲り、夏・殷・周は子孫が継承したが、いずれも天意によるので、私欲を交えていないという道理の上からは、同じことである」と言っているとおりである。

『孟子』万章《ばんしょう》章句上

孟子は、聖人が天子になるには、天子の推薦が必要であるとする。さらに、代わられる天子が桀や紂のような暴君の必要があるとする。この二つの条件を満たさなかったので、孔子は天子とならなかったと説明する。易姓《えきせい》革命を主張し、尭→舜→禹のように天子の地位を譲る「禅譲《ぜんじょう》」を上に置き、夏殷革命や殷周革命などの武力による王朝交代を「放伐《ほうばつ》」と名付けて次善とする孟子は、孔子が禅譲を受けず、放伐もしなかった理由を伊尹や周公旦が即位しなかった事例と同じであると説明しているのである。

『史記』に記されるような周公旦の即位は、『孟子』の理論としても、「周書」しかない『孟子』編纂時のころの『尚書』としてもあり得ない。『孟子』は、『尚書』を引用しながら、次のように周公旦の功業を説明している。

周公旦は兄の武王を助けて紂王を誅伐し、さらに殷の同盟国の奄《えん》（淮夷《わいい》。周公旦が封建される魯の地に国を置いていた）を討って三年目にその君を滅ぼし、また紂王の寵臣であった飛《ひ》廉《れん》を辺境に追い払って殺し、敵対した国五十を滅ぼし、虎・豹・犀《さい》・象などの猛獣を遠くに追い払ったので、天下の民は大いに喜んだ。『尚書』（周書 君牙《くんが》篇）に、「大いに明らかなるものかな、文王の計画は。大いに継承せるものかな、武王の功業は。わたしたち後の子孫を助け導き、わたしたちに何の欠陥もなく、正道を行わせた」と言っている。

『孟子』滕文公《とうぶんこう》章句下

『孟子』は、このように周公旦が武王を助けて紂王を誅し、さらに敵対する国五十を滅ぼしたことを述べたのち、『尚書』を引用して周公旦を讃えている。

その一方で、『孟子』は、周公旦が、管叔ら三監の乱を平定せざるを得なかったことを周公旦の過失と認める。斉《せい》の宣王《せんおう》が孟子《もうし》の忠告に従わずに燕《えん》を失ったことを恥じると、宣王の臣下の陳《ちん》賈《か》は、周公旦が兄の管叔《かんしゅく》に殷を監視させていたのに叛《そむ》かれたことを事例に、孟子に次のような言い訳をしている。

陳賈は孟子に会って、「周公旦はどのような人物ですか」と尋ねた。孟子は、「むかしの聖人《せいじん》です」と答えた。陳賈は、「周公旦は管叔に殷の遺民を監督させたところ、殷人を率いて周に叛いたというのは本当ですか」と尋ねた。孟子は、「そのとおりです」と答えた。陳賈は、「では周公旦は、管叔が叛くと知りながら殷を任せたのでしょうか」と尋ねた。孟子は、「知らなかったのです」と答えた。陳賈は、「では聖人でも過失はあるのでしょうか」と尋ねた。孟子は、「周公旦は弟で、管叔は兄です。兄弟は互いに信頼しあうものですから、周公旦が過失を犯すのも、もっともなことではありませんか。かつ昔の君子は、誤りと分かれば直ちに改めましたが、今の君子が誤りと知りつつ、それを押し通そうとするのはおかしなことです」と答えた。

『孟子』公孫丑《こうそんちゅう》章句下

孟子は、このように周公旦は、兄である管叔を信頼したために過失を犯したとする。『論語』学而篇《がくじ》は、「孝悌《こうてい》なる者は、其《そ》れ仁の本たるか」と述べ、兄に仕える「悌」は親に仕える「孝」と共に儒教の最高の徳目である「仁」の根本であるとする。また、『論語』学而篇は、「過《あやま》てば則ち改むるに憚《はばか》ることなかれ」と述べ、過ちを言い訳せずに改める態度こそ重要であるとする。したがって、『孟子』は、兄を叛かせる過失はあっても周公を「聖人」と評しているのである。

こうして『孟子』は、周公旦を王になる条件が整わなかった聖人とすることで、孔子を王になる条件の整わなかった聖人として位置づけた。それは、次のように孟子自身を聖人の道統に位置づける営為でもあった。

むかし禹《う》が洪水を治めたので天下は平穏になり、周公旦が夷狄を征服して猛獣を駆逐したので、民は安らかになった。孔子が『春秋《しゅんじゅう》』（魯の国の年代記。そこに孔子の毀誉褒貶《きよほうへん》が含まれる）を作ると、乱臣・賊子は自分の非を恥じて恐れるに至った。『詩経』（魯頌《ろしょう》閟宮《ひきゅう》）に、「天子の命に従わぬ西や北の夷狄を討ち平らげ、南の荊《けい》や舒《じょ》を懲《こ》らしめた。こうしてわが周に刃向かおうとする者がなくなった」とあるが、人倫に反して父を無視し、君を無視する蛮族どもは、周公旦が討ち懲らしめた。わたしも人心を正し邪説を抑え、偏《かたよ》った行いを排し、でたらめな言説を追放して、かの禹・周公旦・孔子という三聖人の志《こころざし》を継承しようと思う。

『孟子』滕文公章句下

このように『孟子』は、禹→周公旦→孔子と聖人の道統は継承され、その三聖人を継承する者として、孟子自身を位置づけている。周公旦を王にならなかった聖人と位置づけるのは、孔子、そして孟子を聖人と位置づけるためであった。そのためには、周公旦は王に即位してはならない。『孟子』が、周公旦を王に即位していないと『尚書』を解釈したのは、孔子を守り、孟子を聖人の道統に位置づけるためなのであった。

それではなぜ、周公旦は、成王に代わって即位することにされたのであろうか。

2　周公即位の理由

『荀子』の周公旦像

周公旦が成王に代わって即位したことを初めて主張したものは『荀子《じゅんし》』である。荀子は、趙《ちょう》の人であるが、はじめ斉《せい》の「稷下《しょくか》の学」（王立学士院、諸子百家《しょしひゃっか》の中心地）で学び、のち楚《そ》の春申君《しゅんしんくん》に仕えた。孟子が、性善《せいぜん》説に基づき、善を仁義《じんぎ》へと伸ばすべきとしたことに対して、荀子は、性悪《せいあく》説に基づき、礼楽《れいがく》によりそれを矯正していくべきと主張した。『荀子』は、周公旦が武王の死後、即位したことを次のように記している。

周の武王が崩御して、子の成王《せいおう》がまだ幼少であったとき、武王の弟の周公旦が、成王を退けて武王の後を継ぎ、それによって天下の人々の心をつなぎ止めたのは、天下が周に背くことを恐れたからである。周公旦は天子の位につき、天下の政治を聴き、平然としてそれが当然であるかのようにしていたが、天下の人々は別に貪欲《どんよく》であるとは言わなかった。また、兄の管叔《かんしゅく》を殺し、殷の（末裔の）国家を滅ぼしたが、天下の人々は別に道理に背いているとは言わなかった。さらに天下を統治して、七十一国を封建したとき、周の王室と同族で姫《き》を姓とする諸侯だけで、その五十三人を占めながら、天下の人々は別に不公平であると言わなかった。やがて成王を教え導いて道義を悟らせ、立派に文王と武王の残した行跡を継がせた上で、周公旦は、周の天下と天子の位を成王に返したが、天下の人々は今までどおり周に服従した。しかも、周公旦もまた、臣下として成王に仕えたのである。

『荀子』儒効《じゅこう》篇

このように『荀子』は、周公旦が武王の死後に天子となっていたこと、兄の管叔《かんしゅく》を殺して武庚《ぶこう》の国を滅ぼしたこと、やがて成王に天子の位を返して、臣下となったことを非難されたことはない、と記している。こうした主張の背景には、荀子の生きた戦国時代後期は、下克上《げこくじょう》はもとより、弱小な君主が政治を取れば、強国に滅ぼされる時代であった、という社会背景がある。君主の資質の重要性が高まっていたのである。

それでは、『荀子』のころまで伝えられていた、孔子や周公旦の物語に対して、『荀子』はどのように向き合ったのであろうか。

食客に、「孔子は、「周公旦はまことに徳が盛んな者である。自身が尊貴になるにつれて益々恭倹になり、家が裕福になるにつれて益々慎ましくなり、敵に打ち勝ちながら益々警備を厳重にした」と言った」とする者があった。これに答えて、「これは周公の行為ではなく、孔子の言葉でもない。武王が崩じたとき、その子の成王はまだ幼少であったので、周王は成王を退けて武王の後を継ぎ、天子の位に衝立《ついたて》を背にして立ち、諸侯は堂の下で小走りして臣下の礼を取った。この尊貴を極めたとき、誰が周公旦を恭倹であったというのか。……軍を引き上げてから、周公旦は、鎧・兜・盾の三種の武具を廃し、刀・剣・矛・戟《げき》・矢の五種の兵器を収めて、天下を併合し、新しい楽《がく》を制定した。武王の勇気を讃えた「武象《ぶしょう》」という楽をつくり、殷の楽である「韶護《しょうご》」を廃止した。（これにより）天下のすべて人が心を入れ替え、考え方を改めて周に帰順し、感化された。このため家々では門の扉を閉めることもなく、境界がなくなり天下は一家のようになった。このような天下太平を極めたときに、周公旦が警備を厳重にしたとだれが言うのか」とした。

『荀子』儒効篇

このように『荀子』は、それまで伝えられていた孔子の言葉や周公旦の像を否定して、自らの物語を展開した。『論語』に記されている孔子の言葉とされるものには、孔子が老子の思想を語るような、明らかに孔子の言葉ではないものがある。あるいは、『荀子』では「荀子曰く」として述べられている荀子の言葉が、孔子の言葉として『論語』に収録されているものもある。この時代、儒家の経典《けいてん》は、まだ内容が確定されていなかった。そうしたなか、『荀子』は、これまでの周公旦像に新たな展開を加えて、天子に即位をした周公旦の像を描いたのである。

それにより、『荀子』の主張したかったことの一つが、周公旦による「楽」の整備と「天下太平」である。「楽（＝音楽）」とは、儒家の尊重する礼の際に用いるだけでなく、人間性を陶冶《とうや》する役割を担い、王朝ごとに変えられるものであった。『荀子』は、礼楽《れいがく》により天下を統一できると考えていた。それをできる「大儒《たいじゅ》」の代表例として、周公旦を描こうとしているのである。

古《いにしえ》の聖王を模範として、礼義《れいぎ》を統一して制度を一定にする。……これが大儒という者である。……（君主が）大儒を用いると、百里四方の小国でも長く維持され、やがて三年後には天下が統一され、諸侯が臣下となる。もし、この大儒が万乗の大国を統治すれば、ほんの手足を上げ下げするほどのわずかな間に天下は一定し、たちまちにして名声は隠れもなく、輝き渡るであろう。

『荀子』儒効篇

『荀子』は、大儒による礼義と制度の統一を主張し、君主が大儒を用いることで、百里の地からでも三年後には天下が統一されると説く。そして、万乗の大国を大儒が統治すれば手足を上げ下げする間に天下が定まるという。この大儒が、君主となって万乗の国を統治した具体的な事例が、「大儒」周公旦の統治なのであろう。周公旦が「制礼作楽」をすることで、天下太平が実現されるとの主張は、単に周公旦物語の完成だけではなく、『荀子』の主張する天下統一への道の正しさを証明するものなのであった。

こうして『荀子』の理想のもとに描かれた新たな周公旦物語に従って、前漢の『尚書』は解釈されていく。前漢の『尚書』解釈を代表するものが、『尚書大伝《しょうしょたいでん》』である。

『尚書大伝』の周公旦解釈

『尚書大伝』は、後漢の鄭玄《じょうげん》が付けた『尚書大伝』注の序文によれば、前漢の儒者伏生《ふくせい》の遺説と、実際の撰述者である張生《ちょうせい》・欧陽生《おうようせい》(共に伏生の弟子)によって増やされた部分の二つにより形成されている。『尚書大伝』はすでに散逸したが、清の皮錫瑞《ひしゃくずい》たちによる輯本《しゅうほん》(佚文《いつぶん》を集めた本)が作られている。それによりながら、『尚書』大誥《たいこう》篇を解釈する文章からみていこう。

武王は紂王を殺すと、公子の祿父《ろくほ》(武庚《ぶこう》)に(殷の後を)継がせ、管叔《かんしゅく》と蔡叔《さいしゅく》に祿父を監督させた。武王が死ぬと成王が幼かったので、周公は成王が成長するまで養い、召公奭《しょうこうせき》を傅《ふ》(お守《も》り役)とした。周公は自ら天子の位に即き、天下の政治を聴いた。管叔は(成王の地位を奪うのではないかと）周公を疑い、国中に「周公は成王を脅かしている」と讒言《ざんげん》を流した。奄《えん》の君主と薄姑《はくこ》（の君主）は祿父に、「武王は死に、今王はまだ幼く、周公は疑われています。この世は乱れようとしております。叛乱を起こされますように」と言った。その後、祿父と三監《さんかん》は叛乱を起こした。周公は成王の命により、祿父を殺した。

『尚書大伝』大誥篇

このように、司馬遷が『史記』に記した周公旦の物語は、『尚書』そのものではなく、『尚書』という経典を解釈する『尚書大伝』に描かれた周公旦の像に基づいていたことが分かる。これまでは、司馬遷が孔安国から『尚書』を受けたとされるだけで、具体的な学問内容が指摘されることはなかった。

それでは、本当に『尚書大伝』は『尚書』を解釈するために書かれたのであろうか。大誥篇に該当する『尚書大伝』は、先に掲げたように物語だけが残っている。これに対して、『尚書大伝』が『尚書』の「伝」（解釈）として書かれたことが分かる、洛誥《らくこく》篇を検討しよう。本文と伝（注釈）との関係を示すために原文で掲げたい。

書曰、乃女其悉自学功。悉、尽也。学、效也。伝曰、当其效功也。於卜洛邑、営成周、改正朔、立宗廟、序祭祀、易犠牲、制礼楽、一統天下、合和四海。而致諸侯、皆莫不依紳端冕以奉祭祀者。其下莫不自悉以奉其上者、莫不自悉以奉其祭祀者。此之謂也。尽其天下諸侯之志、而效天下諸侯之功也。

『尚書大伝』洛誥篇

傍線部に相当する現行の『尚書』洛誥篇の文章は、「乃汝其悉自教工（乃《すなは》ち汝《なんぢ》其《ねがは》くは悉《ことごと》く自ら工を教《いた》さしめんことを）」であるため、『尚書大伝』の佚文との間には、字句の異同がある。それでも、現行の『尚書』では、「教」は「いたす」と読むので、「学」を「效《いた》」すと読む『尚書大伝』と同じである。ほぼ内容的に異同はないといえよう。成王と周公旦との会話を主とする洛誥篇の中で、ここは成王の言葉であり、現行の『尚書』では、「汝（周公旦）はどうか（諸臣が）みな自発的にその仕事に勤しむようにしてもらいたい」という訳になる。

これに対して、『尚書大伝』では、「乃女其悉自学功」について、悉は、尽である。学は、效である、と文字の訓詁《くんこ》を示す。そののち伝として、次のように「乃女其悉自学功」を説明している。

（成王は諸臣が）功績をあげるべきことを願っているのである。（周公旦はそこで）洛邑《らくゆう》（が都に適しているか）を占い、（洛邑に）成周《せいしゅう》を造営し、（正統性を示すための暦である）正朔《せいさく》を改め、（祖先の御霊屋である）宗廟《そうびょう》を立て、祭祀を整え、犧牲を改め、礼楽を制定し、天下を統一して、四海を和合させた。そして諸侯を至らせたが、みな紳《しん》をたらし冕《べん》（かんむり）を正して祭祀を奉じない者はなかった。下の者はみな自ら上の者を奉じないことはなく、自らみなその祭祀を奉じないことはなかった。（乃女其悉自学功という『尚書』の文章は、）このことを言っている。天下の諸侯の志を尽くさせて、天下の諸侯に功績を挙げさせたのである」とある。

『尚書大伝』洛誥篇

このように『尚書大伝』は、経書である『尚書』の難しい文章の解釈を伝えるため、周公旦の物語を『荀子』のそれなどを継承しながら表現しているのである。こうして青銅器に鋳込まれた金文の流れを汲む難解な『尚書』の文章は、具体化されると共に、『尚書』本来が伝えていた周公旦の「史実」から離れて、物語を伝えていくようになる。

『尚書大伝』は、周公旦が即位をし、七年後に退位をして成王に政権を返すまでの政治の成果を次のようにまとめている。

周公旦は、一年目に乱を救い、二年目に殷を破り、三年目に反乱を起こしていた奄《えん》（春秋の魯の地）を平定し、四年目に侯圻《こうきん》と衛圻《えいきん》（王畿の外縁にある五服の一つ）を建て、五年目に成周《せいしゅう》（殷の遺民を住まわせる都市）を営み、六年目に礼楽を制作し、七年目に政権を成王に返したという。

『尚書大伝』洛誥篇

こうして『尚書大伝』は、周公旦が武王の死後、成王を差し置いて即位をし、礼楽を制作した後に、成王に政権を返したとするのである。これにより、周公旦の政治の中で、最も重要な行為は、礼楽を制作したことになる。礼楽を制作できたからこそ、周公旦は政治を成王に返したのである。ここに、『荀子』の制礼作楽する君主こそ「大儒」であり、天下を統一できる、という思想は、周公旦物語の中に刻み込まれると共に、『尚書』という経典の解釈を規定したのである。

史実として利用した王莽

周公旦の物語は、『孟子』から『荀子』へと主張をしたい思想内容が変わることで、周公旦像が摂政から礼楽を制作した君主へと展開していった。これにより事実とかなり乖離した周公旦の姿が形成されたことになる。『論語』が主張する周公旦像は、『論語』の最終的な成立が漢代にまでずれ込むため、孔子が夢見た周公旦像がどちらであったか特定できない。

特定できることは、こうして描かれた周公旦物語を史実、あるいは事実であると認識して、礼楽を制作し、君主になった者がいることである。それが王莽である。

王莽は、前漢の元帝の外戚として、漢の祭祀を儒教に則らせていくことで、漢の礼楽を確立する。実は、王莽が確立した漢の礼楽は、漢が「古典中国」へと昇華することにより、後世の中国、さらには日本を含む東アジアの前近代国家に大きな影響を与えている。そして、王莽自身は、周公旦の「故事」に基づくことで、平帝の死後、漢の皇帝を践祚（代行）することを名目に、漢の摂皇帝や仮皇帝となる。やがて、天命と称する符命（予言）を利用しながら、漢（前漢）から禅譲を受けて新の皇帝に即位するのである。

王莽が利用した周公旦の「故事」の一つが『尚書大伝』に残っている。

周公の居摂《きょせつ》六年、礼を制し楽《がく》を作り、天下は和平であった。越裳国《えつしょうこく》（南方の夷狄の国）は通訳を重ねて白雉《はくち》を献上して、「道路は悠《はる》かに遠く、山川は険しく深いので、言葉を通じる使者はおりません。そこで通訳を重ねて朝貢いたします」と申しあげた。成王は（遠方からの夷狄の使者を周公の徳を慕ってやってきたと考え、使者を）周公のもとに至らせた。……周公はこれを成王におくり、先王の神霊が行われたと称えて、宗廟に供えた。

『尚書大伝』金縢篇

越裳国から献上された白雉は、周公が「居摂」した結果、その徳を慕って招来された貢ぎ物である、と『尚書大伝』には記されていた。

王莽は、大司馬・録尚書事《ろくしょうしょじ》（尚書台を統括して国政を掌握する）として平帝の政治を掌る自らの姿を成王の摂政をつとめた周公旦に重ねていく。王莽は、まず益州《えきしゅう》に示唆して、夷狄より白雉を献上させる。元始《げんし》元（一）年、王莽は、元太皇太后に言上して詔を下し、白雉を宗廟に供《そな》えさせた。哀帝の親政による国政の混乱から王莽に期待をかけていた群臣は、前漢を建国した劉邦が第一の功臣である蕭何に与えた殊礼《しゅれい》（特別な礼遇）と同等な待遇を受けた「霍光《かくこう》の故事」を王莽に賜うよう、元太皇太后に上奏する。

王莽は、これを辞退した。自分の狙いがそこに止まらないことを群臣に忖度させるためである。群臣は、王莽の狙いどおり、「霍光の故事」よりも、さらに大きな権威を持つ「周公の故事」を賜うことを主張する。これを元太皇太后が認めることにより、王莽は、周公旦が生きながら周の国号を冠して周公と呼ばれた故事に基づき、安漢公を賜与《しょ》されたのである。王莽の政権掌握は、こうした『尚書大伝』の周公理解を利用して進められていった。

周公旦の物語は、『孟子』や『荀子』が自己の主張を有効に示すために作成した物語により展開していった。そして『尚書』を分かりやすく解釈する『尚書大伝』により完成されていく。即位する周公旦像が、事実、そして史実から遠いことは明らかである。それでも、後世の歴史は、そして国教化されていく儒教は、物語の周公旦像を史実、さらには事実とみなしていく。それにより、王莽は漢の簒奪を果たしたのである。

こうした事例は、この時代だけに見られるのであろうか。他でもない周公旦が確立した西周の滅亡もまた、「笑わない褒姒《ほうじ》」という物語により説明されている。

3　笑顔が西周を滅ぼす

傾城の美女

儒教の理想国家である周《しゅう》（西周）が都の鎬京《こうけい》を追われて弱体化する原因とされるものが、傾城《けいせい》の美女（傾国の美女。国を滅亡させる魔性の女）を代表する褒姒《ほうじ》である。『史記』周本紀によれば、褒姒は、笑ったことがなかった。西周を滅ぼす幽王《ゆうおう》は、何とか褒姒を笑わせようとするがかなわない。ある日、幽王は誤って緊急事態を知らせる烽火《のろし》を上げ、太鼓を打ち鳴らさせた。諸侯は急いで駆けつけたが、来てみると何事もない。右往左往する諸侯たちを見た褒姒は、そのとき初めてにこやかに笑う。それを見て喜んだ幽王は、たびたび何もないのに烽火を上げさせて諸侯を集めたので、諸侯は次第に烽火の合図を信用しなくなった。

褒姒を寵愛する幽王は、王后の申后《しんこう》と太子の宜臼《ぎきゅう》（後の平王）を廃して、褒姒を王后に据え、その子の伯服《はくふく》を太子に立てた。申后の父である申侯《しんこう》は、怒って反乱を起こし、異民族の犬戎《けんじゅう》の軍勢と連合して幽王を攻めた。幽王は烽火を上げさせるが、それに応じて集まる諸侯はない。反乱軍は、驪山《りざん》で幽王を殺して、褒姒を捕らえ、西周は滅亡した、と『史記』周本紀は伝える。こののち周は、洛邑を首都とする東周となるが実力はなく、春秋・戦国時代に移行する。『史記』の主張は明白である。周という儒教を理想とする国家であっても、王が傾城の美女に夢中になって国政を省みず、儒教が原則とする嫡長《ちゃくちょう》子《し》相続を破った場合には亡国の憂き目に遭う、という教訓をこの物語により主張しているのである。

　それでは、褒姒による周の滅亡は、事実なのであろうか。

　『尚書《しょうしょ》』と並ぶ中国民族の古典に『詩《し》経《きょう》』がある。中国最古の詩集で、紀元前十世紀末ごろから前六世紀ごろまでの歌謡三百五篇（国風《こくふう》百六十篇、小雅《しょうが》七十四篇、大《たい》雅《が》二十一篇、頌《しょう》四十篇）を収めている。儒

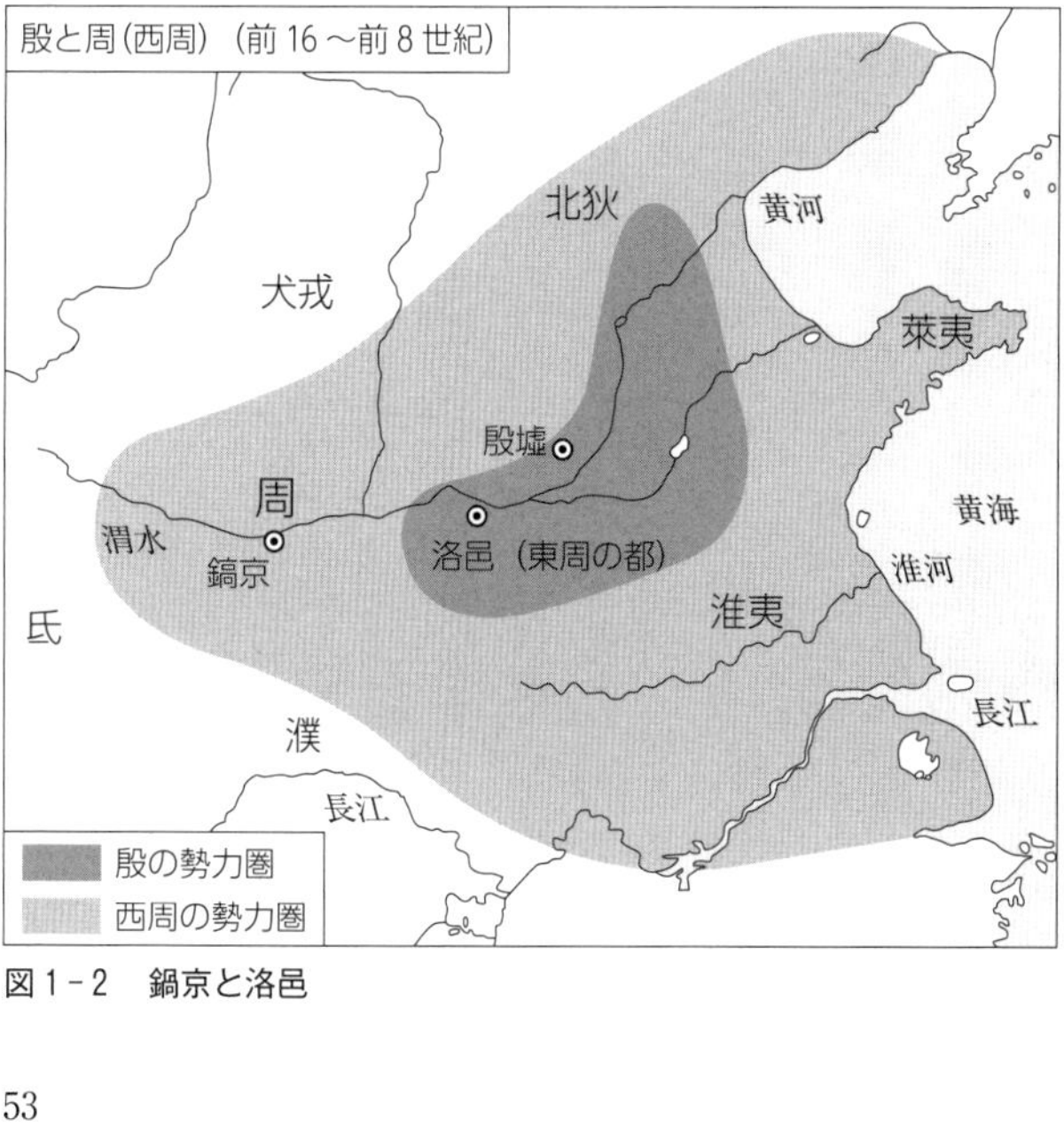

図1－2　鎬京と洛邑

教の経典《けいてん》とされたため、三千篇余りの古い歌謡の中から、孔子が教化に有益なもの三百篇を選び出したとも伝えられるが（孔子刪詩《さんし》説）、孔子のころには、すでにほぼ現在と同数であった。
『論語』陽貨《ようか》篇で孔子は、次のように詩を学ぶ意義を述べている。

孔子は、「諸君はどうしてあの『詩』を学ばないのだろう。詩は喩《たと》えることができ、（世俗の盛衰を）見ることができ、集ま（り切磋琢磨《せっさたくま》す）ることができ、（政治を）風刺することができる。近いところでは父に仕え、遠いところでは君主に仕え、鳥獣草木の名前をたくさん知ることができる」と言った。孔子は（その子の）伯魚《はくぎょ》に言って、「お前は周南《しゅうなん》と邵南《しょうなん》（の詩）を学んだのか。人として周南と邵南を学ばなければ、（王の教化の初めが分からず）あたかも牆《かきね》に真っ直ぐに面と向かって立つようなものであろう」とした。

『論語』陽貨篇

孔子が、子の伯魚（孔鯉《こうり》）に学ぶことを勧めた周南と邵南（召南）は、『詩経』国風に収められた十五種類の国風の第一と第二に当たる。周の建国に功績があった周公旦《しゅうこうたん》と召公奭《しょうこうせき》が封建された周《しゅう》と邵《しょう》（召）の地の詩を集めたもので、「正風《せいふう》」と呼ばれる格調高い聖人の教えと祭祀の歌である。これに対して、大雅《たいが》は周の朝廷や宗廟で用いる詩で、小雅《しょうが》は多くの場で用いられる詩であるとされるが、そこに褒姒が詠《よ》まれている。

『詩経』の褒姒像

褒姒は、『詩経』の中で二つの詩で取り上げられる。西周の滅亡を詠んだ詩の一つである『詩経』小雅《しょうが》正月《せいげつ》では、次のように歌われている。

心之憂矣、如或結之。
今茲之正、胡然厲矣。
燎之方揚、寧或滅之。
赫赫宗周、褒姒烕之。

心の憂ふる、之《これ》を結ぶ或《あ》るが如し。
今茲《こ》の正、胡《なん》ぞ然《しか》く厲《はげ》しき。
燎《りょう》の方《まさ》に揚がる、寧《なん》ぞ之を滅《け》すこと或《あ》らんや。
赫赫《かくかく》たる宗周《そうしゅう》、褒姒之を烕《ほろぼ》す。

『詩経』小雅 正月

現代語訳を掲げておこう。

国家の危亡に瀕《ひん》する国事を憂うる心の悩みは、物が結ばれて解《ほど》けないかのようである。

今日の朝廷の政事は、どうして悪をなすことがこれほど甚だしいのか。
野火が燃えあがっており、これを消すことができない。
かくかくたる宗周は、褒姒がこれを滅ぼそう。

『詩経』に付けられた前漢の毛亨《もうきょう》・毛萇《もうちょう》の伝（解釈）である「毛伝《もうでん》」では、「褒姒は褒国の娘であり、幽王が惑って王后とした。詩人は、褒姒が必ず周を滅ぼすことを知ったのである」とこれを説明する。ただし、ここでは、褒姒がどのように西周の滅亡と関わりを持ったのかは記されず、滅亡の原因として、その名を挙げられるだけである。

もう一つを掲げよう。『詩経』大雅《たいが》 瞻卬《せんぎょう》には、褒姒の名は明記されないものの、そのあり方について、次のように記されている。

①哲夫成城、哲婦傾城。　①哲夫城《くに》を成し、哲婦 城を傾く。
懿厥哲婦、為梟為鴟。　懿《ああ》厥《そ》の哲婦、梟《ふくろう》と為り鴟《みみづく》と為る。
②婦有長舌、維厲之階。　②婦の長舌《ちょうぜつ》有るは、維《こ》れ厲《あく》の階《いとぐち》。
乱匪降自天、生自婦人。　乱 天より降るに匪《あら》ず、婦人より生ず。

匪教匪誨、時維婦寺。　教に匪ず誨《かい》に匪ず、時《こ》れ維《こ》れ婦寺。

『詩経』大雅　瞻卬

これにも現代語訳を付けておこう。

①謀慮の多い男は一国を起こし、謀慮の多い女は一国を傾ける。
ああその（幽王の）哲婦（である褒姒）は、フクロウやミミズクのようである。
②婦人のおしゃべりは、（王を）悪に落としていく糸口である。
（西周の）乱れは天より降ったものではなく、婦人より生まれた。
（幽王に）教え誨《おし》えるものもなく、親近した婦人（が滅亡の原因）であった。

毛伝をもとに、それに後漢の鄭玄《じょうげん》が箋《せん》（注釈）を付けた「鄭箋《ていせん》」によれば、哲夫は幽王であり、哲婦は褒姒であるとされる。鄭箋は、傍線部①について、「哲とは、謀慮の多いことをいう。城は、国のような意味である。男性は、陽である。陽は動くので、謀慮が多いと国を成す。婦人は、陰である。陰は静なので、謀慮が多いと国を乱す」と説明する。すなわち、はかりごとの多い男性は国を成すが、はかりごとの多い女性は、国を乱すというのである。この詩の「傾城」が、「傾城の美女」の典拠となっている。

さらに鄭箋は、傍線部②の「婦の長舌有るは」以降について、「長舌は、言葉が多いことを喩《たと》えている。これは王が国を滅ぼす階《いとぐち》である。階は上から下る所である。いま王がこうして政治を乱しているのは、天より（命が）下ったためではなく、ただ婦人から出ている。……ただ婦人を近づけて愛し、この言葉を用いたためなのである」と説明している。

このように褒姒は、多くのはかりごとに基づいて、おしゃべりをする女性であり、そうした褒姒を近づけて愛したことが、国を滅ぼすきっかけであった。西周は、天命により滅んだのではなく、褒姒という婦人により滅亡した、と鄭玄は解釈しているのである。

このように『詩経』大雅 瞻卬《せんぎょう》は、周の幽王が褒姒に溺れて国を滅ぼすことへの批判であり、『詩経』小雅 正月《せいげつ》と同様に、周の滅亡原因を褒姒とする。しかし、そこに描かれる褒姒は、はかりごとが多く、おしゃべりな女性であった。「笑わない女」としての褒姒の姿は、『詩経』には記されないのである。

『詩経』に記される西周を滅ぼした褒姒については、こののち現在に伝わらなかったものを含めて、多くの伝説が作られた。それは、今日に伝承される褒姒物語の基本を記した『国語《こくご》』に複数の褒姒の伝説が包含されていることにより理解できる。『国語』は、春秋時代を扱った史書で、『春秋左氏伝《しゅんじゅうさしでん》』と同じく左丘明《さきゅうめい》が著したと言われてきた。しかし、それは伝説であり、実際には特定の著者はおらず、春秋時代の歴史物語を集めた書物と考えられる。それでは、『国語』の鄭《てい》語と晉《しん》語に収録される褒姒の物語について、四つに分けて検討していこう。

龍の泡から生まれた娘

第一は、周の宣王《せんおう》のときの童謡と、王の子ではない王宮の子の出奔《しゅっぽん》を伝える「鄭語」の物語である。

> ①宣王のとき、童謡があって、「檿弧《えんこ》と箕服《きふく》が、まことに周国を亡ぼすだろう」と言っていた。そこで宣王はこうした者がいるかと聞くと、夫婦で檿弧と箕服を売り歩いているものがあった。宣王は捕らえてこれを殺させようとした。②王宮の妾が娘を生んだが王の子ではなかった。恐れてこれを棄てた。夫婦は、その娘をもらって褒国に逃げた。③天がこれを命じたことは久しいので、どうして改めることができようか。
>
> 『国語』鄭語

幽王の父である①宣王のとき、「檿弧《えんこ》」（山桑の弓）と「箕服《きふく》」（箕《み》の弓袋）が周を滅ぼすという「童謡」があった。「童謡」とは、単なる「わらべうた」ではなく、その形をとった予言、あるいは流言である。宣王は、それらを売り歩いていた夫婦を捕らえて殺そうとした。一方で、②王宮の妾は、王の子ではない子を産んでこれを棄てた、と記される。①と②との繫がりが悪いため分かりにくいが、「檿弧」と「箕服」を売り歩いていた夫婦は、宣王に殺されず、「小妾」の棄てた子を拾って褒国に逃れたのである。この子が褒姒であった。つながりの悪さについては、宣王が夫婦を殺せず、夫婦が褒姒を拾ったことは、③天が命じたことである、と最後に言い訳が記されている。

なお、褒国は、夏《か》を建国した禹《う》の後裔である。のちほど扱う『国語』晉語では、「周の幽王が褒国を伐ち、褒国の人は褒姒をこれに嫁がせた」と描かれるので、褒姒は、褒国を攻めてきた周の幽王に嫁がされた女性となる。

『国語』鄭語は、第一に、龍の漦《あわ》（泡）から生まれた子が王宮で棄てられた子、すなわち褒姒であることを次のように述べていく。

訓語《くんわ》も記して、「①夏が衰えると、褒人《ほうひと》の神は、変化して二匹の龍となり、王庭に集まって、

「わたしは褒の二君である」といった。夏王が龍を殺すのと追い払うのと止めておくのと、どれがよいかを占うと、吉となるものがなかった。（そこで）龍の漦《あわ》（泡）を収蔵することを占うと、吉であった。そこで玉帛《ぎょくはく》をお供えして祭文を書いて龍に告げた。龍は居なくなり泡が残った。木の箱にいれてしまっておき、伝えてこれを郊外で祀ってきた」という。殷・周になるまで、これを開けることはなかった。厲王《れいおう》の末に至って、開けてこれを観ると、泡は王庭に流れ、除くことができなかった。王は、婦人に命じて裳《もすそ》を着けずに泡で騒がせると、（泡は）変化して黒いトカゲとなり、王宮に入った。②王宮の幼い妾で、まだ歯が抜け代わっていない者がこれに遭い、成人式をしてから妊娠して、宣王のときになって生んだ。夫がなく生まれたので、恐れてこれを棄てた。弓と箙《えびら》をつくる者が、殺されそうであったが、夫婦は夜にその子が泣くのを哀れんで、拾って脱出して、褒国に逃げた。

『国語』鄭語

第一で述べられた王宮の子（褒姒）の由来を『訓話《くんわ》』を利用して説明する。『訓話』がどんな書物であったのか、今は分からない。そこでは、①夏の褒人の神の化身である龍の漦《あわ》（泡）の話が語られる。封印していた泡は、周の厲王《れいおう》のときに解き放たれ、王宮の②童妾が処女懐胎《かいたい》で生んだ子こそ褒姒であるとされている。続けて第三の部分を掲げよう。第三は、褒に逃れた者の娘（褒姒）が、周の滅亡原因となる幽王が後嗣《あとつぎ》にした伯服《はくふく》を産む話である。

褒人の褒姁《ほうく》が罪を犯して、賄賂として褒に逃れてきた娘を王に献じたので、王はこれを許して、娘を溺愛し、王后とするに至った。そして（娘は）伯服を生んだ。天がこの娘を生んだのは久しいことで、その毒は大きい。（天は）淫乱で悪徳の人（である幽王）を待って娘を贈ろうとしていた。毒は熟しきっていたので、人を殺すことがとても早かった。

『国語』鄭語

龍の漦《あわ》から処女懐胎をした娘は、褒国に逃れたあと、褒の君主の褒姁《ほうく》により幽王に贈られた。幽王は、褒姒を溺愛して王后とし、子の伯服も生まれる。『国語』は、『訓話』などの物語をつなぎ合わせ、それを「天」によりまとめている。宣王に殺されそうであった夫婦が褒姒を拾ったのも、天がこれを命じたものであるとし、幽王に褒姒が献上されたのも、天が淫乱で悪徳な君主である幽王が現れるのを待って贈らせたと理由づける。すなわち、天の意志により、周は滅亡するのであり、天はそのために褒姒を拾う夫妻を生かし、褒君から幽王に褒姒を贈らせたとするのである。

国を滅ぼす美女と笑わぬ女

『国語』に収録された褒姒に関わる第四の話は、晉語《しんご》に載せる美女が国を滅ぼす次のような物語である。

むかし夏の桀王《けつおう》が有施《ゆうし》国を伐ったとき、有施の人は①妹喜《ばっき》という美人を王に献じた。妹喜は寵愛を受け、伊尹《いいん》と共に夏を亡ぼした。殷の辛《しん》（紂王）が有蘇《ゆうそ》国を伐ったとき、有蘇の人は②妲己《だっき》という美人を王に献じた。妲己は寵愛を受け、膠鬲《こうかく》と共に殷を亡ぼした。③周の幽王は有褒《ゆうほう》国を伐ち、褒国の人は褒姒という美人を王に献じた。褒姒は寵愛を受け、伯服を生んだ。こうして虢石甫《かくせきふ》と共に、太子の宜臼《ぎきゅう》を放逐して伯服を立てた。太子は（母方の）申《しん》国に出奔した。申人と鄫《しょう》人は西戎《せいじゅう》を呼んで周を伐った。周はこうして滅んだ。

『国語』晉語

ここでは、夏・殷・周という三代が、①妺喜・②妲己・③褒姒という亡国の娘により滅亡したことが説かれる。ただし、褒姒以外の物語は、類型的で内容がないに等しい。それでも、他の二国と関わらせるところに、鄭語《ていご》に記された褒姒の物語との異質性が認められる。第四は、亡国が娘を嫁がせて復讐する物語と考えられよう。

このように、『国語』には、三種の物語が記される。最も神秘的で物語性の強いものは、第二の龍の漦《あわ》から処女懐胎して褒姒が生まれる物語である。第一と第三の物語は、繋がっており、卑しい素性の父なし子が国を滅ぼす物語となっている。第一と第三は共に、天が周を滅ぼそうとしていることが記されており、周の滅亡を天命によるものとする方向性が見られる。第四の亡国が娘を嫁がせて復讐する物語には、神秘性が認められず、前二者とは少し次元の異なる話になっている。

『国語』に記される褒姒の物語は、三種に分類が可能で、統一的な褒姒像はまだ結ばれていない。何より、後世に最も有名な「笑わぬ女」という褒姒の要素は含まれていない。この要素が褒姒の物語に加えられる背景には、直接的には褒姒と関わりのない『春秋左氏伝《しゅんじゅうさしでん》』を検討しなければならない。

「笑わぬ女」としての褒姒の原型は、『春秋左氏伝』昭公《しょうこう》伝二十八年に、次のように記されている。

むかし賈《か》国の大夫は醜い男であった。娶った妻は美人であった。三年の間、口も聞かず笑いもしなかった。（そこで大夫は）御者となって（妻を載せて）沢地に出かけ、（矢を放って）雉《きじ》を射てこれを獲た。その妻は初めて笑い、ものを言った。（そこで）賈国の大夫は、「才能というものはなくてはならない。わたしも雉を射られなければ、お前は何も言わずに笑わなかったな」と言った。

『春秋左氏伝』昭公伝二十八年

婚姻が不満で三年間も話さず、笑わなかった妻が、雉を射る夫の才能を見て、話し笑うようになった、という物語を語ったものは、晉《しん》の公族である叔向《しゅくきょう》（羊舌肸《ようぜつきつ》）である。叔向は、同じ『春秋左氏伝』昭公伝二十八年において、美人を娶ることを嫌がる母から、三代の滅亡は女性によると次のように説得されている。

むかし有仍氏《ゆうじょうし》に娘が生まれたが、髪は黒々として容姿もたいへん美しく、その輝きは鏡にできるほどで、玄妻《げんさい》と名づけました。楽正《がくせい》の后夔《こうき》がこれを娶り、伯封《はくほう》を生みました。（伯封は）実に豚のような汚い心で、貪欲で満足することなく、怒りちらして限度がないので、封豕《ほうし》と呼ばれました。有窮氏《ゆうきゅうし》の后羿《こうげい》がこれを滅したので、夔はこれにより（子孫が絶え）祀られなくなりました。そのうえ（夏・殷・周の）三代が滅び、（晉の）共子が廃されたのも、こうした美女のためです。お前はあんな娘を迎えてはなりませんぞ。いったい優れた美人は人の心を惑わし変えさせられるものです。もししっかりした徳義がなければ、必ず禍いが起こります。

『春秋左氏伝』昭公伝二十八年

叔向の母は、黒髪の美しい有仍氏を娶ったために、楽正の后夔が后羿に滅ぼされたことを事例として掲げた後に、三代の滅亡は美しい女性による、と叔向を諫めている。同じ『春秋左氏伝』昭公伝二十八年において、共に叔向との関わりで描かれる、三代の滅亡が美女による、という物語と、笑わなかった妻が夫の才能を見て話し笑うようになった、という話が、『国語』に描かれる三代の滅亡の中で、唯一内容を持っていた褒姒の物語と結合することにより、褒姒の物語を完成させた蓋然性は高い。

このように『詩経』では、周の滅亡原因となった「哲婦」で「長舌」な女性として描かれていた褒姒は、『国語』では、龍の漦《あわ》から処女懐胎した、卑しい素性の父なし子が、亡国から嫁がされて復讐する、という三種の物語の結合体として描かれていた。そして、『春秋左氏伝』に記される褒姒とは無関係な「笑わぬ女」と美女が国を滅ぼすという要素は、秦王政《せい》（後の始皇帝）の相国《しょうこく》として政権を握っていた呂不韋《りょふい》が食客たちに編纂させた『呂氏春秋《りょししゅんじゅう》』で、褒姒の笑いを求める幽王の姿としてまとめられる。

4　美女に溺れる

褒姒物語の成立

『詩経』において、褒姒は周の滅亡原因とされていた。その理由は、褒姒が①「哲婦」で「長舌」な女性であることに求められた。『国語』は、褒姒が周を滅ぼした理由として、②龍の漦《あわ》から処女懐胎し、③卑しい素性の父なし子が、④亡国から嫁がされて復讐するという物語を伝えていた。そして、『春秋左氏伝』に原型が見られた⑤「笑わぬ女」が国を滅ぼす、という褒姒の物語は、『呂氏春秋』慎行論《しんこう》 疑似《ぎじ》に次のように描かれている。

⑤周は酆《ほう》と鎬《こう》に都を置いたが戎人《じゅう》に近かった。諸侯と約束をして、高い砦《とりで》を王路につくり、太鼓をその上に置き、遠近の別なく聞けるようにした。もし戎の侵寇が至れば、太鼓を伝え告げて、諸侯の兵がみな至って天子を救うことになっていた。あるとき戎の侵寇が至ると、幽王は太鼓を撃ち、諸侯の兵はみな至った。褒姒は大いに喜んでこれを笑った。幽王は褒姒の笑いが欲しいので、しばしば太鼓を撃ち、諸侯の兵はしばしば至ったが侵寇はなかった。後に戎の侵寇が本当に至り、幽王は太鼓を撃ったが、諸侯の兵は至らなかった。幽王の身は、麗山《りざん》の下に死し、天下の笑いものとなった。これは侵寇のないときに（濫用したため）本当の侵寇のときに役に立たなかったことにあたる。賢者は小善で大善をもたらすが、不肖の者は小悪で大悪を致す。褒姒の禍いは、幽王が小さな喜びを好んで大きな破滅をもたらした。このため（幽王の）首と身体は別々になり、三公《さんこう》・九卿《きゅうけい》たちは出奔した。こうして褒姒は死に、平王《へいおう》は都を東（の洛邑《らくゆう》）に徙《うつ》した。

『呂氏春秋』慎行論 疑似

このように『呂氏春秋』は、⑤戎に備えるための太鼓で諸侯が集まるのを見て褒姒が笑ったことを見た幽王が、戎は来ていないのに頻繁に太鼓をうち、本当に戎が来たときに諸侯は集まらず滅亡したことを記す。『呂氏春秋』慎行論 疑似の主張は、「無寇」を「真寇」と疑似したことが、周の滅亡を招いたことにある。あくまで褒姒は、その事例として掲げるだけであり、褒姒が普段から「笑わぬ女」であることは明記されない。『呂氏春秋』を承けた『史記』になって、ようやく「笑わぬ女」であったことが明記されるのである。それでも、『呂氏春秋』でも褒姒の笑いを得るために、幽王が太鼓を撃っていることから、褒姒が普段は笑わないため、そんな褒姒を笑わせようとしたと想定できるであろう。

『呂氏春秋』において、笑わぬ褒姒が、集まってきた諸侯を見て笑ったので、幽王は何度も偽の来襲で諸侯を呼び、そのために本当の来襲時に諸侯たちは来なかった、という褒姒物語の骨格ができあがったのである。

その一方で『呂氏春秋』には、『詩経』に記された褒姒が①「哲婦」で「長舌」な女性であることや、『国語』にまとめられた②龍の漦《あわ》から処女懐胎し、③卑しい素性の父なし子が、④亡国から嫁がされて復讐するという事柄が、すべて欠落していることにも注目すべきである。様々な物語が形成されても、後世まで継承されるのは、その一部なのである。

また、褒姒による周の滅亡は、幽王が小さな悦びのために「疑似」を繰り返したことが原因とされている。褒姒は「死」んだと記されるだけで、褒姒よりも幽王の責任が重く捉えられ、天下の笑いものとなったとされる。

このように『呂氏春秋』により、褒姒の笑いを得ようとして、幽王が周を滅ぼした物語が成立した。それでは、「史書」である『史記』は、この話とこれまで伝承された話をどのように組み合わせながら、周の滅亡の「歴史」を記していったのであろうか。

幽王の責任

『史記』は、これまでの褒姒の物語のうち、『詩経』を起源とする①「哲婦」で「長舌」な女性という褒姒像を継承しなかった。それは、褒姒が『呂氏春秋』以降⑤「幽王が笑いを得ようとした女」と描かれたことで、普段「笑わぬ女」であったという印象が強められ、①の特徴と組み合わせが難しくなったことによる。さらに『史記』は、先に見たように『国語』を起源とする④亡国から嫁がされて復讐したという褒姒像も継承していない。

それは、『史記』が周の滅亡の主因を⑥美女に溺れ、王后と太子を廃した幽王の行為に求めるためである。こうした『史記』の主張は、新たに登場する周の太史《たいし》（史官）である伯陽《はくよう》が担う。

伯陽は、褒姒が伯服を生み、幽王が太子と王后を廃しようとすると「史の記」を読んで、「周は滅びよう」と述べる。そして幽王が、褒姒を王后、伯服を太子とすると、「禍いは成った。どうすることもできない」と述べて、周滅亡の原因を後嗣の変更に求める。王后よりも後嗣を重視するのは、「幽王の太子である宜臼《ぎきゅう》」が平王《へいおう》（東周最初の王）に立てられることで、西周の滅亡を乗り越えて、東周が建国されたと記していることにも明らかである。

『史記』を著した司馬遷《しばせん》は、董仲舒《とうちゅうじょ》から『春秋公羊伝《しゅんじゅうくようでん》』を学んでいる。『春秋公羊伝』の冒頭である隠公《いんこう》元年には、「春秋の義《ぎ》」（『春秋』により示される正しさの規範）として嫡長子《ちゃくちょうし》相続が記されている。幽王の嫡長子は宜臼である。幽王は宜臼を廃して褒姒の子である伯服を立てたので滅亡した、というのが「春秋の義」に照らしたときの西周の滅亡原因である。春秋公羊学者の司馬遷は、それまでの物語を取捨選択すると共に、伯陽という自分の代弁者を本文中に加えて、春秋公羊学の経義《けいぎ》に基づいた正しさを主張しているのである。『史記』の特徴は、褒姒の物語に、周王の系譜に関する歴史的な史料を加えて、「春秋の義」を周の太史である伯陽に述べさせることで、「事」（事実）に基づく自らの主張を述べたことにある。ここには、いわゆる近代歴史学の主張する客観的な史実の記録を求めることはできない。『史記』は、『太史公書』という本来の名称が示すように、『春秋』を書き継ぐ思想書なのである。

褒姒の物語は、『史記』の後、さらなる改変を受ける。前漢の宣帝《せんてい》から成帝《せいてい》に仕えた漢の宗室出身の劉向《りゅうきょう》は、女性の物語を集めた『列女伝《れつじょでん》』を著した。そこで劉向は、『史記』の「史実」をどのように『列女伝』に落とし込んだのであろうか。

悪女伝説の完成

劉向の『列女伝』は、『国語』と『史記』の記述に字句の変更を施し、文意を分かりやすくしながら踏襲して、三ヵ所にオリジナルの物語を付け加えている。

第一の加筆で述べられているのは、幽王が褒姒に惑い、その結果として国事を憂えなくなった、という叙述である。嫡長子相続を「春秋の義」として重視する公羊学者司馬遷が著した『史記』では、王后と太子を廃した幽王の行為こそ、褒姒の行いより重い罪と捉え、周の滅亡原因は、幽王の行為にあるとしていた。これに対して、劉向は、褒姒という悪女に幽王が惑ったことそのものが、周の滅亡原因であるとする。幽王を惑わした褒姒という悪女にこそ、周の滅亡原因はあった、と劉向は主張しているのである。こうして劉向は、周という儒教の理想国家をも滅亡させる悪女伝説として褒姒の物語を完成させたのである。

第二の加筆で述べられるのは、幽王がただ「褒姒の言葉にだけ」従ったので、臣下の上下が共に諂《へつら》い、人々が周から離れていった、という叙述である。これも、第一で述べた幽王が褒姒という悪女に惑ったことが周の滅亡原因である、という主張を強化するために加えられている。悪女を王后とすることで後嗣を変更し、王后と太子を廃して政治を蔑《ないがし》ろにし、周を滅ぼした幽王の愚行を歴史の教訓としなければならない、というのが劉向の主張である。そこには、劉向が仕える成帝が、趙飛燕《ちょうひえん》姉妹に夢中になっているという現実があった。それを諫めるためにこそ、劉向は『列女伝』を執筆したのである。

そして、第三の加筆である「これよりの後、周は諸侯と異なることがなくなった」という周の行く末は、漢の未来への警告である。趙飛燕姉妹に惑わされている成帝への諫言と言い換えてもよいであろう。

劉向の『列女伝』は、『国語』と『史記』を物語の基本としながら、そこに三つの要素を加えることで悪女伝説を完成させた。普段笑わない褒姒は、諸侯の姿を見て笑うことで幽王を夢中にさせ、周は幽王が褒姒という悪女に惑ったことで滅亡する。悪女を王后とし、政治を蔑ろにして周を滅ぼした幽王を歴史の教訓に、趙飛燕姉妹に夢中になっている成帝に諫言するという劉向の執筆目的がここに現れているのである。

第二章　覇者たちの時代

1　桓公を覇者に

『論語』の管仲評価

前七七〇年、幽王《ゆうおう》が犬戎《けんじゅう》の侵入を受けて殺されたのち、平王《へいおう》が洛邑《らくゆう》に建国した東周《とうしゅう》は、秦《しん》に滅ぼされる前二五六年まで続くが、その実力は諸侯国と同様であった。それでも、周王の権威を尊重する者が「覇者《はしゃ》」となり、「尊王攘夷《そんおうじょうい》」を唱えて諸侯を束ねた時代がある。これを孔子《こうし》が編纂したとされる『春秋《しゅんじゅう》』という著作に因《ちな》んで、春秋時代と呼ぶ。しかし、前四〇四年、周王が晋《しん》を下克上した魏《ぎ》・趙《ちょう》・韓《かん》を諸侯に認めることで、自らの権威を失墜させると、「富国強兵」の戦国《せんごく》時代へと移行する。春秋時代には、「春秋の五覇」と呼ばれる覇者が現れるが、その筆頭である斉《せい》の桓公《かんこう》を覇者とした者が管《かん》仲《ちゅう》である。

『論語』は管仲について、四章（『論語』全体は約五百章）で言及するが、憲問《けんもん》篇に含まれる三章は、桓公を論じた一篇も含め、すべて肯定的な評価である。これに対して、八佾《はちいつ》篇の一章は、管仲に否定的である。肯定的な憲問篇からみていこう。

（ある人が）管仲《かんちゅう》について

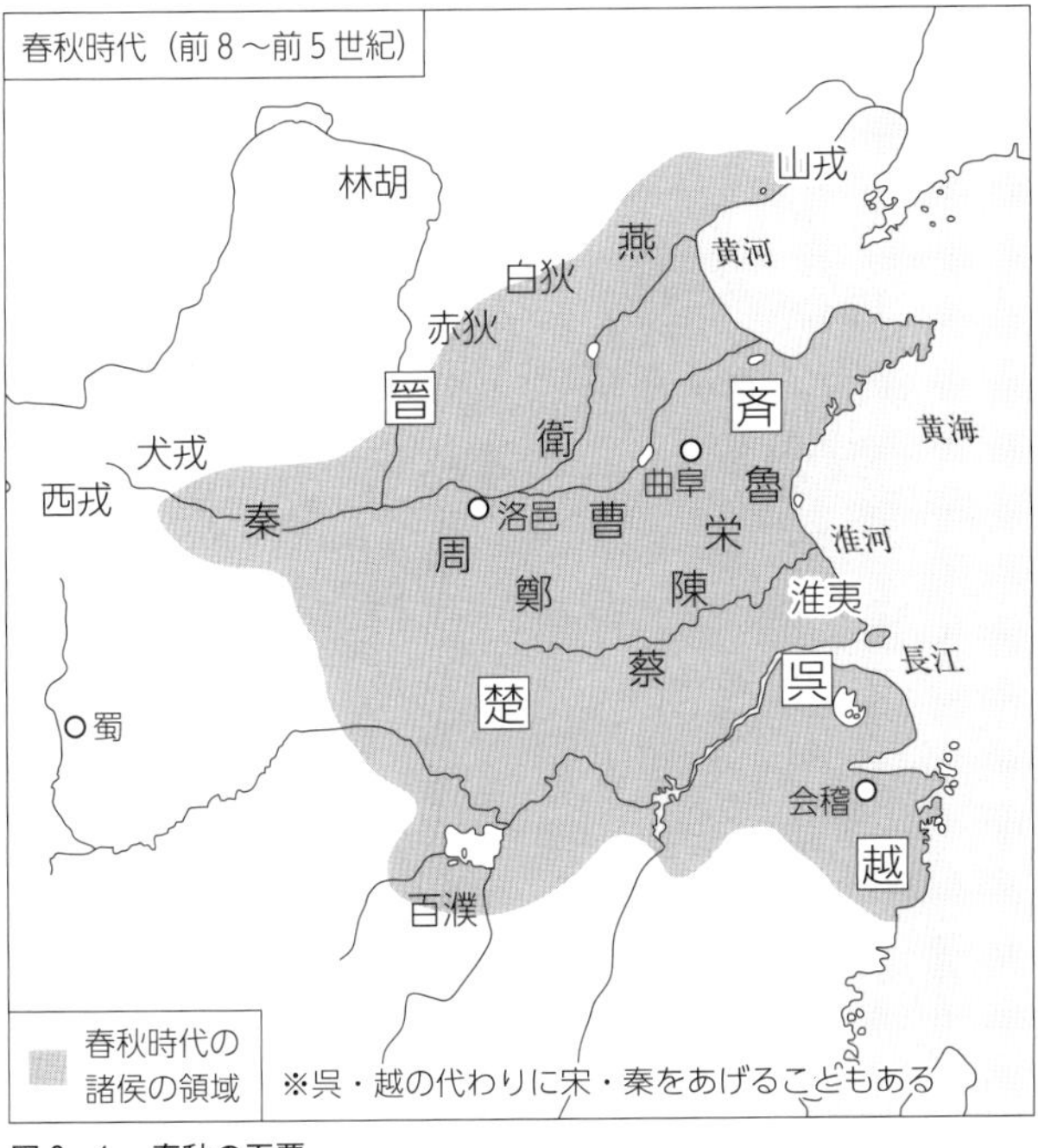

図2-1　春秋の五覇

尋ねた。（孔子は）「この賢人である。伯氏《はくし》の駢邑《べんゆう》三百戸を奪った。（伯氏は）粗末な食事をする羽目になったが、死ぬまで怨みごとを言わなかった」と言った。

『論語』憲問篇

これについては、江戸時代の荻生徂徠《おぎゅうそらい》が『論語徴《ろんごちょう》』で、「管仲は伯氏を貧しくさせたのに、怨む気持ちを起こさせなかったことが、邦を治める者にとっての難事である」と述べている。管仲の政治が正しかったことを孔子が評価したと考えてよい。続く章でも、孔子は、次のように管仲を評価する。

子路《しろ》が言った、「桓公《かんこう》は公子《こうし》の糾《きゅう》を殺し、召忽《しょうこつ》はこれに殉死《じゅんし》しましたが、管仲《かんちゅう》は死にませんでした」と。（また子路は）「（管仲は）仁《じん》ではないのでしょうか」と言った。孔子が言った、「桓公が諸侯をしばしば集めて会合した際、武力に依らなかったのは、管仲の力である。（いったい誰が）その仁に及ぶだろうか、その仁に及ぶだろうか」と。

『論語』憲問篇

この章の次も同様な問題提起なので、あわせて扱おう。

子貢《しこう》が言った、「管仲《かんちゅう》は仁者ではないのですか。桓公《かんこう》は公子《こうし》の糾《きゅう》を殺しましたが、（管仲は）死ぬこともできず、それどころかこれを補佐しました」と。孔子が言った、「管仲は桓公を補佐して、諸侯の覇者にし、天下を一つに正し治めた。民は今に至るまでその恩恵を受けている。管仲がいなかったら、わたしはざんばら髪にして衽《えり》を左前にしていたであろう。つまらぬ夫婦が信義を立て、自ら溝の中で首を括《くく》って死に、これを知るものがいないようなことと、どうして同じにできようか」と。

『論語』憲問篇

桓公即位までの物語を『史記』管仲列伝で概観しよう。二つの章で言及される公子の糾は、桓公とは異母兄にあたる。当時、斉国では、襄公《じょうこう》が死去した後に、公子の糾と桓公のどちらが公位を継ぐべきかをめぐって内乱が起きていた。そのとき、管仲は、公子糾の側について、小白（のちの桓公）に矢を射た。矢は小白のベルトのバックルに当たり、小白は無事であったが、死んだふりをした。公子の糾が油断しているうちに、小白は桓公として即位し、公子の糾は敗退する。

公子の糾が死ぬと、管仲の友人である召忽《しょうこつ》などは、公子の糾に殉じて死ぬが、管仲は死なずに捕らえられ、「管鮑の交わり」で有名な鮑叔《ほうしゅく》の進言によって、ついには桓公の宰相となった。

一つ目の章では子路《しろ》が、二つ目の章では子貢《しこう》が、それを節義という点で問題にし、子路の言葉で言えば、「管仲は仁ではないでしょうね」と尋ねたのである。これに対して孔子は、子路に対しては覇者としてのあり方から、子貢に対しては、それに加えて夷狄を撃破した功績から管仲を弁護した。春秋時代の特徴である「尊王」と「攘夷」である。

孔子は、子貢への回答の中で、管仲が桓公を覇者として、天下を一つに正し治めたと高く評価する。覇者は、王を尊んで諸侯と会盟することで、夷狄を攘《うちはら》うが、その典型が桓公である。孔子は、管仲が桓公を覇者としたことを高く評価をして、管仲は功業により小節を乗り越えられるとするのである。ただし、力により諸国を会盟する覇者は、徳により諸国を治める王者を超えるものではない。

もう一つの功績として子貢への回答で孔子が高く評価するものが、夷狄を攘ったことである。孔子が、夷狄を「ざんばら髪にして衽《えり》を左前にしていた」と髪形や服装で表現しているように、夷狄とは、民族的や言語的な違いよりも、根底には文化が置かれていた。もちろん、具体的な軍事危機もある。たとえば、魯と親戚關係にある衛という国は、一度、山戎《さんじゅう》という異民族に滅ぼされている。管仲は兵を出して、山戎を追い払い、衛を復興させた。管仲は、他国を侵略する方法よりも、累卵の危きにある国や滅んだ国を盛りたてることで、諸国の信用を得た。これにより、中原の各国が斉と会盟をして、覇者であることを認めた。夷狄の中の最大の強国は楚《そ》であった。楚は、後には中国文化の影響を受けて中国民族と同じ扱いを受けるが、当時は、異民族の風俗を持っていた。西周の初め、周公が、周の同族や功臣を各国に封建したとき、楚は蛮族の扱いを受けている。管仲は楚の侵略をくいとめたのである。

それでは、いかなる点で、孔子は管仲を非難しているのであろうか。

『論語』の管仲批判

それでは孔子が、『論語』で管仲を否定的に評価する章を検討しよう。

孔子が言った、「管仲の器は小さいな」と。ある人が言った、「管仲は節倹（であるということ）ですか」と。（孔子は）言った、「管氏は（陪臣《ばいしん》であるのに諸侯のように）三つの姓の女を娶って、家臣に仕事をかけ持ちさせない（で職務ごとに人を置いている）。どうして倹約といえよう」と。（ある人は）言った、「それでは管仲は礼を心得ていたのですか」と。（孔子は）言った、「国君は塀を立てて門を目隠しする。管氏も（陪臣でありながら）また塀を立てて門を目隠しした。国君が国君同士で修好する際には、反坫《はんてん》（酒杯を返す台）を設ける。管氏もまた反坫を設けた。管氏であっても礼を知っていたのであれば、誰が礼を知らないというのか」と。

図2-2　反坫

管仲に対する孔子の総評が、「器が小さい」（小器）という言葉で表されているのは、管仲を大器であるとする人物評がすでにあって、それに反対した言い方のようである。孔子は、その論拠を「三帰」（三人の妻）と門の中の大きな衝立《ついたて》、そして「反坫」（杯《さかずき》をやりとりするときの台）に求めている。このうち後の二つは、「礼」に背き、「分」不相応であるとする。『論語』は、儒家の共有テキストとして長い期間をかけて形成された。そのため、孔子の言葉とされるものが、相互に矛盾することもある。覇者の「尊王攘夷」を高く評価する時期の儒家は管仲を高く評価し、覇者が日常化し、宰相であっても礼に従うべきとの君主権力の強化を優先すべきとする時期の儒家が管仲を否定的に評価した、と想定することは許されよう。そうした思想による評価のブレを追究するため、孔子を継承する儒家の『孟子』や『荀子』での管仲評

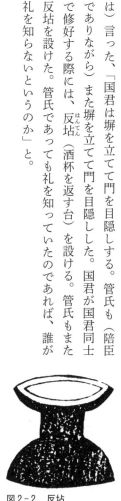

価を続けてみていこう。

『孟子』の管仲全否定

『孟子』では、管仲は二ヵ所で言及される。斉人《せい》の公孫丑《こうそんちゅう》が、孟子が斉の政治を担当したら、管仲や晏嬰《あんえい》のような功績を挙げられますか、と尋ねたことに対する答えの中で、孟子は、次のように曾子の子である曾西の言葉を引いて管仲を評価している。

（曾西は）「管仲はあれほど主君の信任を独占し、国政をあれほど長く行ってきたのに、その功業は、（王道ではなく）つまらぬ覇道を行ったに過ぎない。君は何でわたしをそんな男に比べるのか」と言ったという。……公孫丑は、「管仲はその君を覇者とし、晏嬰はその君の名を天下に轟かせるという功業を立てましたが、その管仲や晏嬰でもものの足りませんか」と尋ねた。孟子は、「いまの斉の国力であれば、覇道ではなく、王道を施行することも手のひらを返すように容易なことである」と答えた。

『孟子』公孫丑章句上

孟子は、管仲が桓公の信任を受けていたことは認めるが、その功業である覇業には否定的である。もし自分が斉の政治を執《と》れば、力に基づく覇業ではなく、徳に基づく王者に斉王をすることができる、と管仲の政治を全面的に否定している。

また、もう一ヵ所では、斉王が孟子を呼びつけようとしたことを管仲への桓公の態度に比較して厳しく批判する中で、管仲を次のように見下している。

（殷の）湯王《とうおう》は伊尹《いいん》、（斉の）桓公《かんこう》は管仲《かんちゅう》を呼びつけませんでした。管仲でさえ呼びつけられないのに、管仲を下にみて相手にしないわたしは言うまでもありません。

『孟子』公孫丑章句下

このように『孟子』は、管仲を下に見て、管仲が桓公を助けて最初の覇者としたことを全く評価しない。それは、『孟子』が、「（春秋の）五覇は、（夏・殷・周の）三王の罪人である。今の諸侯は、五覇の罪人である。今の大夫は、諸侯の罪人である」（『孟子』告子章句下）と述べているように、力による覇道政治を否定して、徳による王道政治を理想とすることの反映である。管仲、というよりも、桓公や晉の文公を含めて、『孟子』は「春秋の五覇」を否定しており、管仲の評価はきわめて低くなっている。

一方、『荀子』の中では、管仲は七ヵ所で言及される。『荀子』は、もちろん王道政治を覇道政治より高く評価するが、『孟子』とは異なり、覇道政治を否定しない。したがって、宰相の重要性を述べる文章の中で、次のように管仲を評価している。

君主という者は、朝廷に中正な標準を立ててもそれが適切であり、またすべての政務を統率させる宰相が誠に仁徳の人であれば、その身は安楽で国もよく治まり、功績は大きく名声も高くなり、上は王者になれ、そうでなくとも覇者にはなれる。……だからこそ、殷の湯王《とうおう》は伊尹《いいん》を用い、周の文王《ぶんおう》は呂尚《りょしょう》（太公望）を用い、武王《ぶおう》は召公《しょうこう》を用い、成王《せいおう》は周公《しゅうこう》を用いたのである。そして、天下を定めて王者とまではならない者でも、五覇すなわち覇者にはなった。斉《せい》の桓公《かんこう》は、私生活では楽器を懸け連ねて贅沢に耽り、遊楽を常とし、天下の人々からは身の修まった人物とは見られなかったが、それでも諸侯を集めて、天下を一つに統《す》べ正し、五覇の筆頭となった。それは宰相の管仲《かんちゅう》に政治を一任したからである。

『荀子』王覇篇

このように『荀子』は、君主を王者にした伊尹《いいん》・呂尚《りょしょう》・召公《しょうこう》・周公《しゅうこう》と並べて、君主を輔弼《ほひつ》した宰相として管仲をあげる。そして、桓公が王者になる資質を持たないにも拘《かかわ》らず、かろうじて覇者になれた理由を管仲への政治の一任に求めており、高く管仲を評価していることが分かる。

そのうえで『荀子』は、管仲の政治が桓公を王者にはできなかった理由を次のように述べている。

斉国の管仲は政治を行った人であったが、礼という根本規範を修めて民草を教化するというところまではいかなかった。礼を修める者は王者となり、政治を行う者は強い覇者となり、民心を得る者は安泰であり、重税を取り立てる国は滅亡する。

『荀子』王制篇

このように『荀子』は、管仲の政治が礼を修めて民草を教化しなかったので、桓公を王者にできなかったとする。『論語』が管仲を批判する章で、管仲が「礼」の「分」を守らなかったと批判することは、『孟子』に比べて管仲を高く評価する『荀子』でも、共通の批判点であったことが分かる。

管仲は、このように、『論語』では、孔子の言葉として肯定と否定の評価が、『孟子』では全否定の評価が、『荀子』では覇者を助ける政治は行い得たと評価されている。

ただし、近年の研究では、史実としての管仲の存在そのものが、疑問視されている。それは、これから検討するように、儒教で五経の一つとされていく『春秋』経では、管仲は触れられず、管仲の具体像を形成していくものは、戦国時代以降の史料であることによる。『史記』の管仲像、さらには管仲の著書とされる『管子』も含めて、管仲の像を描くものは「物語」である、と考えられるのである。具体的にみていこう。

2　春秋学と管仲・桓公

経学

儒教《じゅきょう》の学問の中心である経典《けいてん》の解釈は、経学《けいがく》と呼ばれる。司馬遷《しばせん》が著した『史記《しき》』は、孔子が六経《りくけい》（詩・書・春秋・易・礼・楽という六つの経典）すべてを編纂したと伝えるが、第三章で明らかにするように、それは物語である。孔子は『詩経《しきょう》』と『尚書《しょうしょ》』を尊重したが、他の四経との関係は後付けに過ぎない。六経のうち、古くに滅びたとされる楽を除いて「五経《ごきょう》」とよばれる『詩経』『尚書（書経）』『春秋《しゅんじゅう》』『周易《しゅうえき》（易経）』『礼記《らいき》』のうち、『詩経』と『尚書』は第一章で扱った。「漢の経《けい》」とも呼ばれ、漢代の中心的な経典となった『春秋』は、『孟子』にその存在が初めて記される。『春秋』は、魯《ろ》の国の年代記で、隠公《いんこう》元（前七二二）年から哀公《あいこう》十四（前四八一）年に至る、十二公、二百四十二年間の国家的大事の記録である。

経典は、今文《きんぶん》と古文《こぶん》というテキストの文字の違い（今文・古文の文とは、文字のこと）により大別される。今文経典は、口承で伝えられてきた経典とその解釈が漢代に書き留められたもので、隷書《れいしょ》という漢代の文字（今文）で書かれている。古文は、それ以前の文字のことで、それで書かれていたという経典を古文経典と呼ぶ。今文・古文経典は、単に文字が異なるだけではない。『礼記《らいき》』（今文）と『周礼《しゅらい》』（古文）のように経典そのものが異なる礼、『春秋公羊伝《しゅんじゅうくようでん》』『春秋穀梁伝《こくりょうでん》』（今文）と『春秋左氏伝《さし》』（古文）のように経典を解釈する伝《でん》が異なる春秋、というように、経そのものからその解釈、そして主張も大きく異なっていた。伝が書かれた時期は、主に戦国《せんごく》時代で、やがて伝の解釈も多様になっていく。そこで、経を解釈している伝を解釈するための「注」と呼ばれる注釈が書かれた。左氏伝では、杜預《どよ》（三国・西晉の人）の注、公羊伝では、何休《かきゅう》（後漢末の人）の注が尊ばれ、後世に伝えられた。その注を解釈するものが「疏《そ》」であり、疏の中から正しい義《ぎ》（解釈）を定めたものが、唐《とう》の国家事業として編纂された「五経正義《ごきょうせいぎ》」である。「五経正義」の編纂では、春秋は、左氏伝に基づく杜預の注が採用され、杜預の注を解釈する孔穎達《くようだつ》の「正義」が付けられた。その正しい解釈を丸暗記することが、科挙《かきょ》と呼ばれる官僚登用試験に合格するための基本であった。

このように経典は、「経」本文だけで伝わることは少なく、「伝」と呼ばれる経を解釈する注が付けられて伝わった。「経」は聖人が著したとされる。『春秋』であれば、年表形式の簡単なその記述に、聖人孔子の筆削が加えられていると信じられていた。その経文の意味を解釈するために、公羊高《くようこう》が書いたとされる『春秋』の伝は公羊伝《くようでん》と呼ばれ、経と合わせて『春秋公羊伝』と呼ぶ。穀梁赤《こくりょうせき》の伝が穀梁伝、左丘明《さきゅうめい》の伝が左氏伝である。これらを合わせて「春秋三伝」と呼ぶ。

公羊伝の桓公評価

「春秋三伝」の基本的な成書時期（著作の基本的な枠組みが成立した時期）は、戦国時代の後期と考えられる。ただし、それが完成して世の中に出現した時期は、公羊伝《くようでん》が前漢の景帝《けいてい》期（前一五七～前一四四年）・穀梁伝《こくりょうでん》が宣帝《せんてい》期（前七四～前四九年）・左氏伝《さしでん》が成帝《ていせい》期（前三三～前七年）

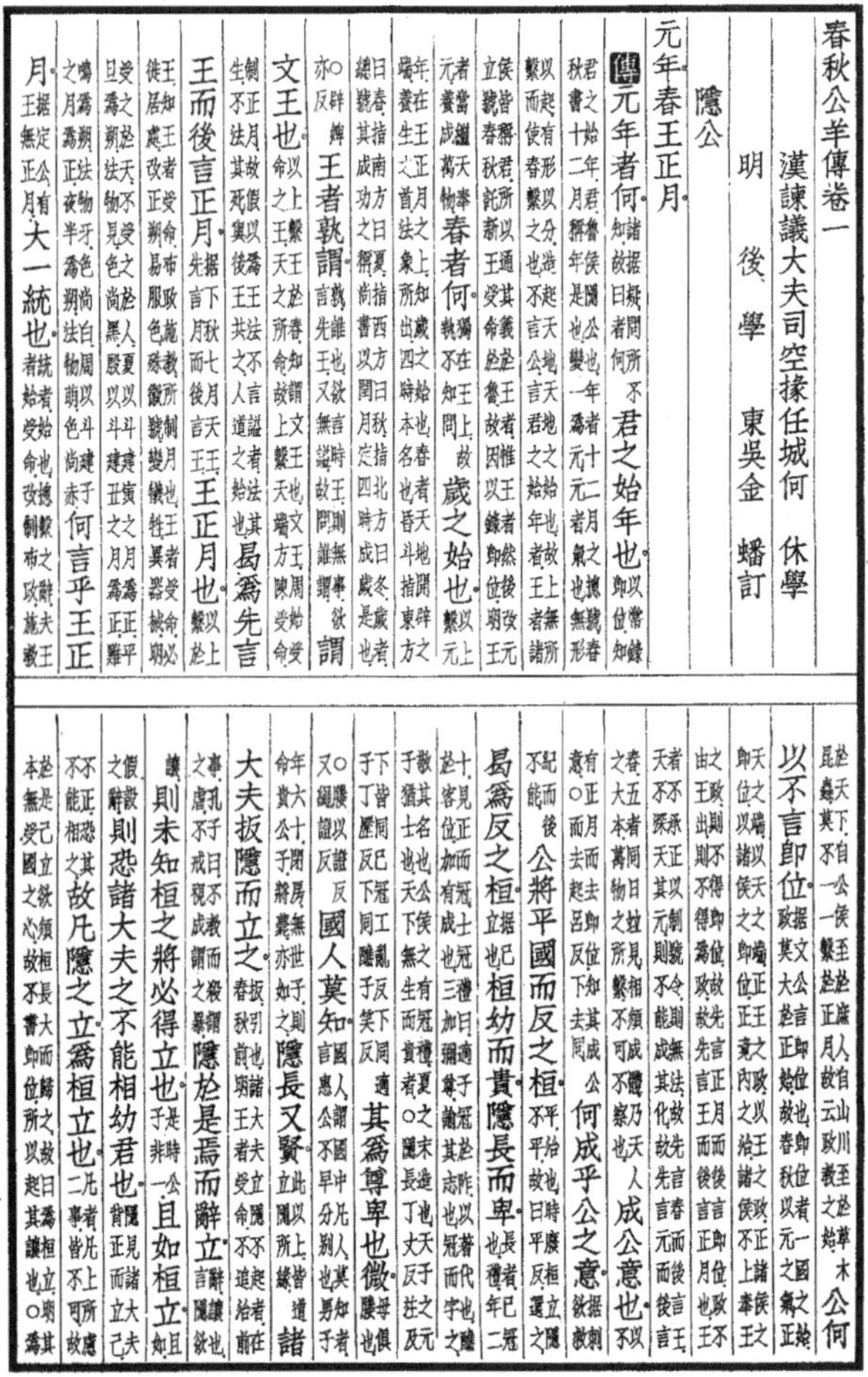
春秋公羊傳卷一
漢諫議大夫司空掾任城何 休學
明 後 學 東呉金 蟠訂
隱公
元年春王正月
傳元年者何。君之始年也。春者何。歲之始也。王者孰謂。謂文王也。曷爲先言王而後言正月。王正月也。何言乎王正月。大一統也。公何以不言卽位。成公意也。何成乎公之意。公將平國而反之桓。曷爲反之桓。桓幼而貴。隱長而卑。其爲尊卑也微。國人莫知。隱長又賢。諸大夫扳隱而立之。隱於是焉而辭立。則未知桓之將必得立也。且如桓立。則恐諸大夫之不能相幼君也。故凡隱之立爲桓立也。

図2-3 『春秋公羊伝』(四部備用本)版面 「元年春王正月」が経。「傳」の下に続く部分が伝。小さい文字が注

期である。それまで、国家の保護下になかった儒教は、自らの経書を国家の政策に合わせて改訂を続けていた。出現の直前まで続けられた改訂は、出現の直前の政治状況を反映することが多く、春秋三伝の特徴は、当該時期の政治情勢と密接な関わりを持っている。

最初に出現した『春秋《しゅんじゅう》公羊伝《くようでん》』は、漢の国政と強い関わりを持ちながら、諸侯に対する王者の絶対性と激しい攘夷思想を特徴として持つ。公羊伝を修めた公羊学派の努力により、儒教経典として始めて前漢の武帝の詔で『春秋公羊伝』が典拠とされた。武帝は、衛青《えいせい》・霍去病《かくきょへい》により匈奴を破り、匈奴との屈辱的な外交関係に変化をもたらした。さらに、李広利《りこうり》により大宛《だいえん》を征討した太初《たいしょ》四（前一〇一）年、武帝は匈奴との戦いを再開するにあたり、次のような詔《みことのり》を出している。

> 高皇帝《こうこうてい》（劉邦）は、朕に平城《へいじょう》の憂い（白登山での敗戦に報復していない）をのこし、高后《こうこう》（呂皇太后）はあるとき、匈奴《きょうど》の単于《ぜんう》（首長）から送られた無礼な書（劉邦の死後、一人で寂しいだろうから、妻にしてやるという書簡）に耐えた。むかし（春秋時代の）斉《せい》の襄公《じょうこう》は九世前の仇を報いたが、春秋はこれを尊重している。
>
> 『漢書』匈奴伝上

武帝の詔《みことのり》は、公羊学の「春秋の義」を踏まえて、匈奴の討伐を正統化している。典拠となった『春秋公羊伝』荘公《そうこう》四年の条は、斉《せい》の襄公《じょうこう》が紀《き》を滅ぼしたことを九世前の斉侯のために仇を報いたものだと肯定し、百世の仇であっても復讐すべきである、と春秋の義を述べている。穀梁伝・左氏伝にはない、公羊伝の激しい復讐の肯定は、高祖《こうそ》劉邦のときからの匈奴の侵攻に対する復讐の是認と考えられる。となれば、公羊伝の激しい攘夷《じょうい》思想の理由も、夷狄《いてき》である匈奴への復讐を正統化するためであろう。匈奴の侵攻に苦しむ前漢前半期の国際関係の現実が、激しい攘夷思想と復讐の是認という公羊伝の特徴に反映している。

それでは、管仲が仕えた斉《せい》の桓公《かんこう》についての『春秋公羊伝』の記載をみてみよう。『春秋』経だけでなく公羊伝にも、管仲の記載はないためである。公羊伝では、桓公について十五例の議論がされている。魯の僖公四（前六五六）年夏、「楚《そ》の屈完《くつかん》来《き》たりて師《し》に盟し、召陵《しょうりょう》に盟す」という『春秋』の経文に対して、公羊伝は次のように解釈する。

「屈完」とは誰か。楚の大夫である。なぜ「使」（楚子が屈完を派遣して盟約させた）と言わないのか。屈完を尊んだからである。どうして屈完を尊ぶのか。屈完が覇者である斉《せい》の桓《かん》公《こう》に堂々と向き合ったからである。

「師《し》（軍中）で盟約して、召陵《しょうりょう》で盟約した」というのはなぜか。軍隊が召陵に駐屯していたからである。軍隊が召陵に駐屯していたのであれば、なぜ「盟」と二度もいうのか。楚を帰服させたことを喜んだためである。楚を帰服させたことを喜ぶとはどういうことか。楚は中国にしかるべき王者がいるときには最後に帰服し、王者がいなければ真っ先に離反する（したがって、楚が帰服したということは天下がすべて帰服したことになる）。（楚は）このような夷狄であって、しばしば中国を侵略している。当時、南夷《なんい》と北狄《ほくてき》に代わるがわる侵略されて、中国の命脈は細糸のように今にも断ち切れようとしていた。このとき桓公は、中国の諸侯を救援して夷狄を追い払い、ことごとく楚を征服し、そうして王者の事業を成し遂げたのである。

経文に、「来たりて」というのはなぜか。桓公の覇者であることを（楚が）認めたからである。この年以前にも以後にも覇者のことを（桓公は）行っているのに、どうして特にここで桓公が覇者であることを書いたのか。その（楚を帰服させた攘夷《じょうい》の）功績を書き立てたのである。

『春秋公羊伝』僖公《きこう》四年

公羊伝は、桓公が夷狄である楚を攘《うちはら》ったことを「王者の事業」としてきわめて高く評価している。『孟子』と『荀子』で見たように、儒教では、覇者と王者は大きく異なる。ここでは、武力により覇者として楚を撃破した桓公を「王者」に準《なぞら》えるほど、尊重している。『論語』の中で、管仲が攘夷によって高く評価されていたことは、こうした桓公の攘夷への評価の反映なのである。

公羊伝が夷狄を打倒した桓公をきわめて高く評価するのは、公羊伝が匈奴と戦う武帝の父の景帝期に世に現れたことと大きな関係を持っている。夷狄の匈奴を攘おうとする武帝を「王者」と評価するために、桓公への高い評価は有効であった。逆に言えば、宣帝《せんてい》の匈奴との和平を背景に出現した穀梁《こくりょう》伝には、桓公の攘夷を尊重する理由はない。次にみるように、穀梁伝の桓公への評価は、攘夷に焦点を当ててはいない。

公羊伝も、桓公を評価し続けるわけではない。僖公九（前六五一）年九月戊辰《ぼしん》、「諸侯 葵丘《ききゅう》に盟す」という経文を公羊伝は次のように説明する。

> 桓公の盟約には日付を記さないのが通例である。ここではなぜ（戊辰と）日付を記したのか。危ぶんだのである。なぜ危ぶんだのか。（僖公二年の）貫沢《かんたく》の会盟では、桓公は中国を

憂える心があった。そこで召さなくとも来たものに江人《こうひと》・黄人《こうひと》があった。葵丘《ききゅう》の会盟では、桓公は思い上がって驕《おご》っていた。そこで叛《そむ》く者が九国あった。

『春秋公羊伝』僖公九年

斉の桓公は、宋《そう》領の葵丘に魯《ろ》・宋・衛《えい》・鄭《てい》・許《きょ》・曹《そう》などの国を集めて盟を結び、五条の禁令を定めた。周の襄王は、宰孔《さいこう》を派遣し、文王・武王の祭祀に用いた文武の胙《そ》と赤色の矢を賜っている。これは、周の天子から桓公の覇者の地位を認められたことを意味し、この会盟が桓公の、そして斉の全盛期であった。しかし、公羊伝は、そこに桓公の驕りをみる。事実、この後の桓公には、叛く国も増えていく。『論語』の中で、管仲が「礼」の「分」を超えた驕りを批判されていたのは、主君桓公の影響なのであろう。

このように『春秋公羊伝』は、桓公の「攘夷」を高く評価し、それを「王者の事業」と認めていた。それでは、他の春秋伝は、どのように桓公を評価するのであろうか。

穀梁伝の桓公評価

『春秋穀梁伝《しゅんじゅうこくりょうでん》』は、宣帝《せんてい》の詔《みことのり》で開催された石渠閣会議《せっきょかくかいぎ》のころに出現した、公羊伝に代わろうとする『春秋』の伝である。義を解釈する方法は公羊伝を継承しながらも、公羊伝とは異なり、長幼の序による相続と、華夷混一の理想社会の実現を説く。穀梁伝が出現した宣帝期の要請は、何よりも民間から即位した宣帝（武帝の嫡長子衛太子《えいたいし》の嫡孫）の正統化にあった。

『春秋穀梁伝』は、隠公元《いんこう》（前七二二）年という『春秋』の冒頭で、継子の問題を論じる。隠公が、父恵公《けいこう》の愛した弟の桓公《かんこう》への譲国を予定しながら即位したことに関して、譲国を賛美する公羊《くよう》伝の他、左氏《さし》伝も隠公を「賢君」と評価する。これに対して、穀梁伝は、「先君（恵公）が桓公に（君主の地位を）与えようと考えたことは正ではない。邪《じゃ》である」と説き、長子相続を廃そうとした恵公の行為を批判し、その実行を目指したことについて、「隠公が、先君（恵公）の邪《よこし》まな志を探って、その結果（君主の地位を）桓公に与えようとしたのは、父の悪を成したことになる」と糾弾する。長子相続は、恵公の意志に従うという親への「孝」よりも重要である、と義を立てるのである。このように穀梁伝は、長幼の序による継嗣を主張して、武帝の嫡長子の衛《えい》太子《たいし》の孫にあたる宣帝の即位を正統化する。公羊伝と同じ経文を解釈しながら、異なった帝位継承の正統化理論を持つのである。儒教が二千年の正統思想であり続けられた柔軟性をここに指摘できよう。

また、宣帝親政期には、漢の建国以来、最大の懸案であった匈奴問題が解決する。甘露《かんろ》三（前五一）年、匈奴の呼韓邪単于《こかんやぜんう》が自ら漢に来朝し、正月の朝賀《ちょうが》に参列したのである。ここに前漢は、ついに匈奴の侵攻に打ち勝ち、これを屈伏させる。

　これに先立って、宣帝は呼韓邪単于が降伏した場合の対応を議論させていた。丞相《じょうしょう》の黄覇《こうは》と御《ぎょ》史大夫《したいふ》の于定国《うていこく》は、匈奴の単于を諸侯王の下に置くべきとする。その論拠は『春秋公羊伝《しゅんじゅうくようでん》』成《せい》公《こう》十五年の春秋の義に置かれており、公羊学の夷狄への厳しい攘夷思想を反映していた。これでは、匈奴が背く可能性がある。そのため儒者の蕭望之《しょうぼうし》は、匈奴を不臣《ふしん》の礼（臣下としない礼）で待遇し、地位は諸侯王の上にすべきとした。宣帝は、蕭望之の議論を採用する。こうして漢は匈奴を臣下とする君臣関係を結び得た。公羊伝のような強烈な攘夷思想では、このような君臣関係を結ぶことは不可能であった。夷狄を攘《うちはら》うだけではなく、匈奴の降伏に対応できるよう、穀梁伝は、華夷混一《かいこんいつ》（中華と夷狄が一体となる）の理想社会の実現を説いたのである。

　それでは、穀梁伝は、管仲と桓公をどのように評価したのであろうか。穀梁伝には、管仲が一度だけ記される。僖公十二（六四八）年夏、「楚人《そひと》黄《こう》を滅ぼす（楚人滅黄）」という『春秋』の経文に対して、穀梁伝は次のように解釈する。

　（僖公二年の）貫《かん》の盟約のときに、管仲は、「江《こう》国と黄国は、斉《せい》からは遠く楚に近い。楚が伐つのに便利な国である。もし楚が伐って、これを救うことができなければ、斉は諸侯の長となってはおれないであろう」と言った。桓公は、(管仲の助言を)聴かずに、この二国と盟約した。管仲の死後、楚は江を伐ち、黄を滅ぼした。桓公は救えなかった。そこで君子は、これを哀れんだ。

『春秋穀梁伝』僖公十二年

公羊伝は、僖公十二(前七三三)年で桓公に言及することはない。桓公の攘夷を高く評価した公羊伝は、桓公の攘夷の破綻には触れないのである。これに対して、先行する公羊伝に対抗する穀梁伝は、桓公の攘夷が破綻したことを明記し、それが管仲の助言を聴かなかったことに基づく、と桓公の攘夷を批判する。穀梁伝の出現時には、攘夷は不要であった。このため、管仲の言葉を用いて、桓公を批判しているのである。

その一方で、公羊伝が、桓公の衰退の始まりと位置づける葵丘《ききゅう》の会盟について、穀梁伝は次のように記載している。

桓公の盟約には日付を記さないのが通例である。ここではなぜ(戊辰《ぼしん》と)日付を記したのか。称美したのである。天子の禁令を示したために詳細に記したのである。葵丘の盟には犠牲を列ねるだけで殺さず、載書《さいしょ》を読んで犠牲の上に加え、専ら天子の禁令を明らかにした。（天子の禁令の内容は）（黄河の）水源を塞いではならない。（飢餓のときは助け合い）糴《かいよね》を止めてはならない。嫡子を変えてはならない。妾を正妻にしてはならない。婦人を国事に参与させてはならない（という五条であった）。

『春秋穀梁伝』僖公九年

経が日付を記さない理由について、公羊伝が「危ぶんだ」とすることに対して、穀梁伝は「称美した」と葵丘の会盟を評価する。そのうえで、天子がもたらした五条の禁令の内容を記す。桓公を覇者と認め、禁令をもたらした周王を尊重するためである。

覇者である桓公の周王への尊重は、僖公五年秋八月、「諸侯 首載に盟す（諸侯盟于首載）」という経文への穀梁伝で、次のように説明されている。

……桓公は諸侯であるのに、天子に朝することができなかった。これは不臣である。王の世子は子であるのに、安閑として諸侯が自分を尊ぶのを受け、その位に立った。これは不子である。桓公は不臣、王の世子は不子というのであれば、善とするのはなぜか。これは「変《へん》の正《せい》」だからである。天子は微弱で、諸侯は亨覲《きょうきん》（謁見）しなかった。桓公は大国を抑え、小国を扶《たす》け、諸侯を統べた。天子に朝することはできなかったが、（後の晉の文公のように）天王を呼びつけることはなかった。王の世子《せいし》を首載《しゅさい》（という場所）で尊んだことは、天王の命を尊んだためである。世子が王命を含んで斉の桓公に会したのも、天王の命を尊ぶためである。

世子がこれを受けてもよかったのか。これもまた変の正である。天子が微弱で、諸侯が亨覲しなかった場合、世子が諸侯の自分を尊ぶことを受ければ、天王が尊ばれることであるから、世子は受けてもよいのである。

『春秋穀梁伝』僖公五年

穀梁伝が用いる「変の正」という義例は、公羊学では「権《けん》」と呼ばれる。日本語の中にも権宜の処置という言葉に残るように、「経《けい》」（常に正しいあり方）ではないが、その場に応じては正しく考えられるあり方のことである。覇者である桓公は、「天王」（周王、周の天子）の朝廷に謁見することが「正」なのだが、首載での会盟に「王の世子」（周王の太子）を招いて、これを尊重することは、晉の文公が周王を呼びつけたことに比べれば、「変の正」なのである。王の世子が諸侯の謁見を受けることも、父の天王が諸侯から尊重されることが「正」なのだが、世子の尊重も尊王であるため「変の正」なのである。

こうして穀梁伝は、公羊伝が記さない桓公の尊王を高く評価すると共に、世子の嫡嗣《ちゃくし》にあたる宣帝の正統性を述べるためにも、桓公と王の世子の行為を「変の正」として尊重するのである。公羊伝が「攘夷」を尊重するのであれば、穀梁伝は「尊王」を尊重すると言ってよいであろう。

それでは、春秋三伝の中で唯一の古文経典である『春秋《しゅんじゅう》左氏伝《さしでん》』は、管仲をどのように記すのであろうか。

左氏伝の管仲評価

『春秋左氏伝』や『周礼《しゅらい》』といった古文経典は、劉向《りゅうきょう》・劉歆《りゅうきん》父子による宮中の図書整理により発見されたものであるという。前漢も後期になると、『春秋公羊伝』だけでは、国政を正統化しきれなくなっていたのである。劉向・劉歆による図書整理は、文字を比較して正す校勘《こうかん》に止まらず、様々な素材から新たな本を作り出す創作に近いものもあった。『春秋左氏伝』は、劉歆の偽作と主張する学説があるほど、手を入れられた痕跡が残る。『春秋左氏伝』は、基層に春秋《しゅんじゅう》長《ちょう》暦《れき》（春秋時代を通じた暦）を置き、春秋時代の出来事を歴史物語として説明する史伝を持ち、『春秋』の伝であるための解経《かいけい》（経典の解釈）の文、「書《しょ》して曰く」「凡例《はんれい》」などの言葉より始まる、孔子や周公が加えたとされる史実への論評からなる。その特徴は、「事」（史伝）を主体とするところにあり、春秋の「義」の解明を主体とする公羊伝・穀梁伝とは大きく異なる。また、後に検討するように、漢の祖先は尭《ぎょう》の末裔である、という史伝を持つのも特徴である。

『春秋左氏伝』では、斉の桓公の覇業については、経文にあわせて簡単な伝文を付けるだけのことが多く、それは管仲についても同じである。これに対して、晉《しん》の文公《ぶんこう》の覇業について、充実した物語を展開する。公羊伝・穀梁伝も扱う僖公九（前六三〇）年の葵丘《ききゅう》の会盟にも、次のように晉侯（献公）が登場する。

夏、（諸侯が）葵丘に会合したのは、（以前の）盟を温め直して、また友好関係を修めるためである。（これは）礼にかなっている。

周王は、宰孔《さいこう》を派遣して斉侯（桓公）に、胙《そ》（祭肉）を賜わさせて、「天子は、文王・武王に祭祀を行い、孔《わたし》に伯舅《おじうえ》（桓公）に胙を下賜されました」と言わせた。斉侯は、下拝《かはい》（堂を下りて庭で拝礼）しようとした。宰孔は、「まずは待たれよ。天子は、孔に、「伯舅がお年を召されたのをねぎらい、位一級を賜い、下拝することのないように」と言われました」とした。（桓公は）「天威《てんい》（天子の威光）が、わたしの顔を去ること僅かであることは恐れ多く、小白《わたし》が、あえて天子の命に甘えて、下拝しなければ、堂下に転げ落ち、天子の使者に恥をかかせるかもしれませんので、ぜひ下拝させていただきます」と答えた。（そして）下拝してから（堂に）登り（胙を）受けた。

秋、斉侯は、諸侯と葵丘で会盟して、「およそ同盟の人々は、すでに盟った後には、友好を続かせよう」と言った。

宰孔は、一足先に帰った。（途中で）晉侯《しんこう》（献公）に遇った。（宰孔は）「会盟する必要はないでしょう。斉侯は、徳を修めず遠征に励んでいます。このため北では山戎を伐ち、南では楚を伐ち、西ではこの会盟をしました。東への遠征は分かりませんが、西（すなわち晉）には遠征しないでしょう。あるとすれば乱が起こる時です。君は、乱が起こらないように務められよ。（会盟に）行くのに務めることはありません」と言った。晉侯はそこで引き返した。

『春秋左氏伝』僖公伝九年

公羊伝・穀梁伝は、経文に対する「義」（解釈）が中心だが、左氏伝は経文を「事」（史伝）で解釈するので、公羊伝・穀梁伝に比べると長く、登場人物の会話がある。葵丘の会盟は、左氏伝の桓公に関する記述としては文字数が多く、桓公が周王の使者の宰孔《さいこう》に遜《へりくだ》った対応をしたことも明記され、桓公の尊王思想が描かれていると言えよう。尊周と結びつけられた限りにおいて、左氏伝は覇業を評価する傾向を持つ。

それでも、葵丘の会盟から一足先に帰った宰孔が、晉の献公に桓公を批判する言葉を述べており、左氏伝が桓公と管仲に批判的であることは、他の部分と同じである。

このように、春秋三伝は、管仲の仕えた桓公について、公羊伝はその攘夷を、穀梁伝はその尊王を評価するが、左氏伝はその尊王を評価するものの、三伝の中で最も桓公への評価が低い。また三伝には、「管鮑《かんぽう》の交わり」のような管仲の物語は、記載されてない。それがどこで何を目的に構築されたのかを考える前に、斉の桓公に続く覇者である晉の文公に対する評価を検討しておこう。

3　春秋学と文公

公羊伝・穀梁伝の文公

晉《しん》の文公《ぶんこう》は、献公《けんこう》の子で、名は重耳《ちょうじ》という。驪姫《りき》の乱が起こると讒言《ざんげん》を受けて出奔し、ようやく帰還したときには、すでに六十二歳であった。そののち国力を強め、二人目の覇者になったと『史記』晉世家《しんせいか》には記される。『論語』では、晉の文公は、一ヵ所でしか触れられず、しかも斉の桓公より、劣っているとされる。

孔子が言った、「晉の文公《ぶんこう》は詐《いつわ》って正しくなかった。斉《せい》の桓公《かんこう》は正しくて詐らなかった」と。

『論語』憲問《けんもん》篇

後漢《ごかん》の鄭玄《じょうげん》によれば、「天子を召して諸侯に朝見させたことを孔子は詐《いつわり》と言っており、臣下の立場で君主を召すことを手本にしてはならない。『春秋』僖公《きこう》二十八年に、「天王は河陽《かよう》で狩猟をした」と記しているのは、（晉の文公が）天子を呼びつけたことを諱《い》むためで、これが偽って正しくない内容である」としている。『論語』は、この一章だけで、『孟子』は晉の文公に言及しない。

それでは、『春秋』の公羊伝《くようでん》・穀梁伝《こくりょうでん》は、文公をどう評価するのであろうか。『春秋公羊伝』は、全部で七ヵ所で文公を扱っている。僖《き》公《こう》二十八（前六三二）年の「天王は河陽《かよう》で狩猟をした」については、次のように批判している。

狩猟のことは、記さないのが通例である。ここに記したのはなぜか。再び（晉の文公が）天子を招致したことを許さないためである。

『春秋公羊伝』僖公二十八年

「再び」というのは、僖公二十八年の冬に行われた温《おん》という場所でのこの会盟《かいめい》の前に、践土《せんど》の会盟があることによる。同年四月、晉の文公は、城濮《じょうぼく》の戦いで楚の成王《せいおう》を撃破し、五月、践土に周の襄王《じょうおう》を招いて、斉《せい》・宋《そう》・蔡《さい》・鄭《てい》・衛《えい》・莒《きょ》・魯《ろ》の諸侯と会盟して、覇者に認められていた。それについて『春秋公羊伝』は、次のように述べている。

なぜ魯公が京師《けいし》に行くと言わなかったのか。天子が踐土にいたからである。天子が踐土《せんど》にいたのであれば、なぜそのように言わなかったのか。文公が天子を招致したことを許さないためである。

『春秋公羊伝』僖公二十八年

攘夷《じょうい》を尊重する公羊伝であるが、斉の桓公《かんこう》のときのようには、文公の攘夷を評価しない。文公が城濮の戦いで破ったのは、桓公と同様、夷狄《いてき》の楚である。公羊伝は、その攘夷を褒めるどころか、周の襄王を呼びつけた非礼を厳しく糾弾している。

それでは、公羊伝の経義に反発することが多い穀梁《こくりょう》伝は、どうであろうか。穀梁伝は、晉の文公について、公羊伝と同じく七ヵ所で論及している。僖公二十八（前六三二）年の踐土の会盟については、次のようなそっけない記述をするだけである。

（魯公が）天王に会したのを諱《い》んだのである。

『春秋穀梁伝』僖公二十八年

その前の温《おん》の会盟のときも、穀梁伝は、「天王に会したのを諱んだのである」と同様の記述をするだけである。公羊伝では、わずか九年に過ぎない文公の在位期間に同情して、「その美が天下に現れなかった」と庇《かば》う記述も見られたが、穀梁伝は、城濮《じょうぼく》の戦いには一言も触れず、文公の覇業を完全に無視する。公羊伝に比べ、尊王思想が強い穀梁伝は、文公の非礼を絶対に許さないのである。

左氏伝の強み

それではなぜ、晉《しん》の文公は、斉《せい》の桓公と並ぶ覇者としての名声を後世に残したのであろう。それは、桓公にはそっけない『春秋左氏伝』が、文公について手厚い記録を残したことによる。『春秋左氏伝』は、僖公《きこう》二十八（前六三二）年の城濮の戦いで楚を破り、覇業を実現するまでの晉の文公の軌跡をきわめて詳細に記述している。なかでも、僖公 伝二十三年の末から僖公伝二十四年の冒頭部分で、公子の重耳《ちょうじ》（後の文公）が諸国を放浪した物語を他の大戦と匹敵するほどの多くの文字数で詳細に伝えている。

それは、父の献公《けんこう》に追われた公子の重耳が、長い期間にわたって諸国を放浪する中で、随行した有能な臣下の助けや諸侯の支援により、献公・恵公《けいこう》亡《な》き後の晉に復帰し、やがて覇者になるという波瀾万丈の歴史物語である。そこには多くの伏線や予言が組み込まれている。それらの予言は、事実が完成した後に、時間を遡《さかのぼ》って設定された事後予言《じごよげん》で、それにより小説的なふくらみを持った「放浪の公子」物語が形成されている。ここには、紀年を示す表現がほとんど見られない。他の史書と比較可能な時間設定がないのである。それどころか、「伝」（注釈）でありながら、これに対応する「経」（本文）がない。端的に言えば、重耳の放浪物語は、『春秋』とは無関係である。

それでは、左氏「伝」としての体裁が整わない。そこで、『春秋左氏伝』は、他の箇所にもある、こうした「経」を持たない「伝」のことを「無経《むけい》の伝」と設定する。

凡《およ》そ諸侯の命は、（その諸侯が魯に）告げれば（『春秋』の経に）書く。そうでなければ、書かない。（諸侯が）軍隊を出した善悪もまた、これと同じである。国を滅ぼすに及んだとしても、（諸侯たちが）滅びて負けたことを（魯に）伝えず、勝ったことを（魯に）告げなければ、策にも書かない。

『春秋左氏伝』隠公《いんこう》伝十一年

このような「凡そ」から始まる文章のことを「凡例《はんれい》」と呼ぶ。日本語にも残っているが、今の日本語のような軽い意味ではない。「凡そ」から始まる文章は、のちに「周公《しゅうこう》の垂法《すいほう》」と意義づけられ、そこには魯の始祖である周公旦《しゅうこうたん》が子孫に残した「義《ぎ》」（正しさの基準）が示されているとされる。それが五十ヵ所あるため、「春秋の五十凡例」と呼ぶ。これに次ぐものが、「孔子曰く」から始まる孔子の説く「春秋の義」である。さらに「君子曰く」「書して曰く」として示される「春秋の義」がある。その凡例において、報告がないものは「書せず」という書法が、『春秋』の義とされているのである。そうなると、なぜ書さなかったのかを考える必要が生まれ、『春秋』経だけでは、『春秋』の義が理解できなくなり、左氏伝を必ず読まなければならなくなる。

こうした逆転の発想により、左氏伝は、先行する公羊伝・穀梁伝に対抗すると共に、自らが入れたい物語を「経」とは無関係に入れられるようにした。それが重耳の「放浪物語」を有効にできた理由である。公羊伝・左氏伝には少ない「史伝」を多数挿入し、春秋時代を立体的に描く左氏伝は、やがて『春秋』を代表する伝となっていく。

文公の評価

それでは左氏伝は、僖公《きこう》二十八（前六三二）年の城濮《じょうぼく》の戦いの後の会盟で、晉の文公は周王から、どのように覇者であることを認められたと記すのであろうか。

己酉《きゆう》の日、（周）王は、饗礼《きょうれい》を設けて醴酒《れいしゅ》を賜《たまわ》り、晉侯（文公）に引き出物を賜った。王は、尹氏《いんし》・王子虎《おうじこ》・内史《だいし》の叔興父《しゅくこうほ》に命じて、晉侯を侯伯《こうは》（覇者）に策命《さくめい》し、乗車一式、兵車一式、朱弓《しゅきゅう》一、朱矢《しゅし》百、黒弓十、黒矢千、秬《くろきび》の香酒《こうしゅ》一壷、勇士三百人を賜り、こう伝達した。「王が叔父《おじ》に申し伝える。敬《つつし》んで王命に従い、もって四方の諸侯を安撫し、王室に仇《あだ》なす者を正し治めよ」。晉侯は三度辞退してから、策命を受け、「重耳、再拝稽首《けいしゅ》して、天子の大いに明らかなる美命に応え奉ります」。と述べ、策書を受けて退出した。この間、（晉侯は）前後三回、王に朝覲《ちょうきん》した。……

癸亥《きがい》の日、王子虎は諸侯と王庭で盟を交わし、次のように誓約した。「おのおの王室を助け、相損《あいそこ》なうことなかれ。この盟に背く者あれば、神霊がこれを誅し、その軍を破滅させ、国を保つことを得ず。子・孫・玄孫に至るまで老若《ろうにゃく》となく咎《とが》あらん」。

君子曰く、「この盟約には信がある。晉はこの戦いで、徳によって相手を攻めた」。

このように左氏伝は、晉の文公が周王から伯者《はしゃ》（覇者）に任命されたと描き、「君子曰く」により、この盟約に「信」があった、そして城濮の戦いに「徳」があったと高く評価する。この記述により、晉の文公は、斉の桓公と並ぶ覇者として、後世から尊重されているのである。

それでは、公羊伝・穀梁伝が厳しく非難する周王を呼びつけた会盟は、どのように評価されているのであろう。

『春秋左氏伝』僖公 伝二十八年

温の会盟で、晉侯（文公）は王を招き、諸侯を従えて拝謁したうえで、王に願って狩猟をさせた。

孔子は、「臣下の身分で君主を招き出したことは、（とても後世の）訓《おしえ》にできることではない」と言った。

そのため（『春秋』経は）「天王 河陽に狩《かり》す」と書いて、その地がしかるべき場所でないことを暗に示し、同時に、（文公の非礼を隠し、その尊王の）功徳《こうとく》を明らかに示したのである。

『春秋左氏伝』僖公 伝二十八年

『春秋』経に記される「天王 河陽に狩《かり》す」という表現は、覇者と認められた文公が、尊王の意図から諸侯を連れて襄王《じょうおう》に朝覲《ちょうきん》したもので、文公の「功徳」として明らかに示されたとされる。その一方で、諸侯の分際《ぶんざい》で周王を召したのは、大義名分として許されるべきではなく、「狩」と表現してそれを暗に示した、と左氏伝は解釈する。『論語』の批判がある以上、文公に甘い左氏伝も、ここは批判せざるを得ないのである。

そもそも左氏伝は、諸侯として周王を呼びつけた非礼よりも、覇者としての功徳を評価して、公羊伝や穀梁伝が文公を覇者と認めないことに、異議を申し立てているのである。

左氏伝は、孔子の直弟子で『論語』にも名が残る左丘明《さきゅうめい》が著したと『漢書《かんじょ》』藝文志《げいもんし》には書かれているが、現行の左氏伝は、明らかにそれよりもかなり後に記されたものである。複数であろう作者の中には、晉の文公を尊重し、晉の覇権を継承した戦国の魏《ぎ》の出身者が含まれるのであろう。

ただし、先秦の書は、学派の共通テキストとして長く受け継がれ、書き換えられていく。左氏伝には、出現直前に前漢《ぜんかん》が抱えていた宗廟《そうびょう》の問題を解決する記載もあれば、王莽《おうもう》と舜《しゅん》との血縁を証明する記載もある。したがって、晉の重耳（文公）の「公子出奔物語」も、何らかの必要性があって充実させられたと考えてよい。戦国期から前漢末まで、即位前に出奔していた公子といえば、趙にいた秦王政《せい》やその父の子楚《しそ》、あるいは民間で養育された漢の宣帝《せんてい》などが挙げられる。そうした王や皇帝を顕彰するためにも、晉の重耳の物語は、詳細に描かれる必要があったのであろう。

4　管仲物語の形成

管仲の「参国伍鄙」の制

それでは、桓公に仕えた管仲《かんちゅう》の物語に戻ろう。『春秋』とその伝では展開されることの少なかった管仲の物語であるが、「春秋外伝《がいでん》」とも呼ばれ、春秋時代の物語を多く掲げる『国語《こくご》』では、斉語《せいご》の中に管仲の物語を多く伝える。

襄公《じょうこう》の後宮充実により国力が減退したことを憂える桓公は、管仲にその対策を尋ねる。管仲は、道徳のある者を用い、法令を定め、制度により民をまとめ、賞により善行を促し、刑罰により悪を正すよう述べたのち、次のような行政制度を提案する。

むかし、聖王が天下を治めるときには都城《とじょう》を三つに分け、郊野《こうや》を五つに分けて民を定住させました。民が生活する場所と、死者を葬る場所を決め、慎重に六柄《りくへい》（生・殺・貧・富・貴・賤を左右する権利）を用いたのです。……四民《しみん》（士・農・工・商）を雑居させてはなりません。雑居すれば互いに干渉し、様々な言論が生まれるので、職を変える者が出てきます。……むかしの聖王は士を清静な場所に住ませ、工《こう》を官府に住ませ、商《しょう》を市井に住ませ、農《のう》を田野に住まわせました。

……管仲は全国を二十一郷《きょう》に分けることを提案した。桓公が管仲の意見に同意したため、管仲はさっそく実行した。工商の郷を六ヵ所、士郷（士人と農民の郷）を十五ヵ所設けた。一郷は二千家とされ、このうち工商の郷からは兵を出さず、士郷から兵を集めた。五郷の兵を一帥《すい》といい三帥を作り、国君と国氏《こく》・高氏《こう》（共に斉の上卿）が一帥（五郷）ずつを指揮した。国事は三系統に分け、三官を置いた。農・工・商を監督する田師《でんし》・器師《きし》・市師《しし》である。官員には三宰《さんさい》（三卿）を置き、三族を置き工業を監督させ、三郷を置き商業を監督させ、三《さん》虞《ぐ》を置き川沢を監督させ、三衡《さんこう》を置き山林を監督させた。

『国語』斉語《せいご》

『国語』に記された管仲の政策は、「都城（国）を三つに分け、郊野（鄙《ひ》）を五つに分け」ると訳した原文の「参其国而伍其鄙」から「参国伍鄙《さんこくごひ》」の制と呼ばれ、管仲を代表する政策とされてきた。国と鄙とに四民（士農工商）を分居させるという、他に類例をみない制度のためである。しかし、春秋時代にはそもそも四民が雑居していないなど、管仲の制度としては時代にあわず、管仲に仮託された政策と考えられる。

管仲の著作とされた『管子《かんし》』は、戦国時代の管仲学派の編纂と考えられるが、そこにも「参国伍鄙」の制が記されている。そこでは、たとえば『国語』では、「鄙を五つにする」という意味であった「伍鄙」が、「鄙に伍す」、すなわち「鄙」に伍制《ごせい》を導入する、という新しい解釈になっている。伍制は、人々を五家で把握し、連帯責任を負わせる制度で、秦《しん》の商鞅《しょうおう》の変法で施行された什伍《じゅうご》の制が有名である。『国語』よりも『管子』の編纂時期の方が、より新しいと考えてよい。

この他『国語』には管仲が行ったという、隣国と親しくする外交政策、賢才を抜擢する人事政策、官僚への勤務評定である「三選」の制などが記されているが、いずれも、「参国伍鄙」の制と同じく、戦国時代に行われた改革の反映とすべきで、春秋時代の管仲が実施した政策とは考えられない。これらは「物語」なのである。

管鮑の交わり

それでは、管仲のことを理解し尽くした鮑叔《ほうしゅく》が、管仲を信頼し続けたという「管鮑《かんぽう》の交わり」は、どのように生まれたのであろうか。『国語』斉語には、管仲が鮑叔と共に政治に当たったことは記されるが、二人の信頼関係はそれほど強調されない。これに対して、『管子』は、次のように二人の関係を述べている。

　桓公は管仲に、「軍備を強化せよ。我が兵は訓練が足らず、充実していない。だから諸侯は我が国の敵を助けようとする。国内の軍備を整えよ」と言った。管仲は、「それは斉国を危うくします。国内で民が必要とする物を奪い、士に勇猛を勧めるのは、国外の乱を招きます。国外で諸侯を侵《おか》せば、民の怨みが大きくなります。その結果、義士は斉に集まらなくなり、国を危うくします」と言った。鮑叔は桓公に、「夷吾《いご》（管仲）の言を用いるべきです」と言ったが、桓公は聞かず、軍備の強化を始めた。関市の税を増やして軍備の費用とし、勇猛か否かを俸禄の基準とした。
　鮑叔は管仲に、「かつて公は君に覇業を約束したが、今はますます国が乱れている。どうするつもりだ」と尋ねる。管仲は、「我が君は性急だが、後悔を知っている。暫《しばら》く様子を見て、公自身に気付かせよう」と答えた。鮑叔は、「公が気づく前に国が亡ぶのではないか」と聞いた。管仲は、「国内の政治は、わたしが陰《かげ》で行っている。混乱があったとしても修正できる。国外の諸侯を補佐する者にも、我々二人に及ぶ者はいないから、すぐに我が国を侵すことはない」と言った。

『管子』大匡《たいきょう》

このように『管子』には、『国語』よりも親密な管仲と鮑叔の関係が描かれている。しかし、後世に有名な管鮑の交わりの記述は、まだ存在しない。戦国末から漢初にかけて道家により原型が著され、最終的には東晋《とうしん》の張湛《ちょうたん》が編纂して注を付けた『列子《れっし》』に、ようやくそれは記載される。

わたしは若く貧困であったとき、鮑叔と商売をして、わたしが多くの財を得た。しかし鮑叔はわたしを貪欲とはみなさなかった。わたしの貧困を知っていたからである。わたしが鮑叔に代わって事を謀り、ますます困窮させたことがある。しかし鮑叔はわたしを愚者とは思わなかった。時運には利と不利があることを知っていたからである。わたしは三回仕官したが、いずれも主君に追われた。しかし鮑叔はわたしを不肖《ふしょう》とは思わなかった。わたしが時機に巡りあっていないと知っていたからである。わたしは三回戦いに出て三回逃走した。しかし鮑叔はわたしを臆病者とはみなさなかった。わたしに老母がいることを知っていたからである。公子糾《こうしきゅう》が敗れ、召忽《しょうこつ》は死んだが、わたしは幽囚《ゆうしゅう》の辱《はずかし》めを受けた。しかし鮑叔はわたしを無恥《むち》としなかった。わたしが小節のために恥じず、天下に功名を示せないことを恥じると知っていたからである。わたしを産んだ者は父母だが、わたしを知る者は鮑叔である。

『列子』力命《りきめい》篇

人口に膾炙《かいしゃ》した「管鮑の交わり」は、かなり遅くに成立した。この物語が生まれたのは、戦国末から漢初にかけての時期なのである。すなわち、天下が統一されつつあった、あるいは統一されたときに管仲と管仲の才能を評価した鮑叔を称える物語が形成された。それは、統一帝国において宰相が必要とされたからであろう。

宰相賛美か、経済官僚の祖か

『列子』と同じ戦国末から前漢の初めにかけて成立した書が、『韓非子《かんぴし》』である。五十五篇から成る『韓非子』には、韓非の自著も含まれるが、多くの篇は、韓非後学の著したものである。後学が著した篇とされる難《なん》二《に》篇では、管仲は次のように描かれている。

斉の桓公のとき、晉国から来客があった。役人が、どのような接待をしたらよいか伺いを立てた。桓公は「仲父《ちゅうほ》（管仲）に聞け」と言う。三度尋ねに来たが、三度とも同じ返答である。お側の道化役は、「人の君という仕事は、何と楽なものでございますな。一にも二にも仲父、仲父、仲父と言っていれば事が済みますから」と言った。桓公は、「わしはこのように聞いている、人に君たる者は、人を求めることに苦労し、人を使うには安逸《あんいつ》すると。わたしは仲父を得るのにとても苦労した。仲父を得たあとは、楽をしてよかろう」と言った。

『韓非子』難二

『韓非子』は、君主が尭《ぎょう》や舜《しゅん》のような、めったに現れない聖人であることを求めない。天下が統一されたあとは、凡庸な君主であっても、法と制度が整い、宰相に人を得れば、帝国は順調に運用されていく。そうした国家を目指して法と制度の制定を説いたのである。ここでも、管仲の物語の後で、君主が人を求めることの重要性と、官職と爵禄を人を求める手段とすべきことを論じている。さらに、宰相にも、必ず法を規準として、言葉と実績とを照らし合わせて信賞必罰《しんしょうひつばつ》により用うべきことを要求する。そうでなければ、宰相に君主の地位を奪われると『韓非子』は説く。管仲にすべてを任せる桓公は、『韓非子』から「闇君《あんくん》」と罵《ののし》られているが、諸子百家は管仲のような宰相となるために、自らの学問を磨いたのである。

さて、諸子百家で経済を重視する学派は、農家《のうか》（君臣共に耕すこと）だけである。やがて、帝国が安定して農家とは異なる視点から経済を重視する学者たちが現れてくると、かれらは、自らの祖として管仲を尊重していく。このため『管子』の中には、次のような経済政策が多く含まれているのである。

管仲は、「海の資源で王業を成す国は、塩策《えんさく》（塩の専売政策）をします。十口の家は十人が塩を食べ、百口の家は百人が塩を食べます。一月で成人男性は五升《しょう》半に近い塩を、成人女性は三升半に近い塩を、子供は二升半に近い塩を食べます。塩百升を一釜《ふ》といいますが、塩の値段を一升ごとに半銭増やして税とすれば、一釜から五十銭が生まれます。同じように一銭を増やせば一釜で百銭、二銭を増やせば一釜で二百銭になります。十釜で一鍾《しょう》なので、一釜が二百銭なら一鍾で二千銭、十鍾で二万銭、百鍾で二十万銭、千鍾で二百万銭になります。万乗の大国は、成人子供を含んで千万以上の人口を擁します。これらをもとに考えれば、一日で二百万銭、一ヵ月で六千万銭の収入になります。通常、万乗の国で納税の義務を負う人口は九百万です。一人当たり一月の税を三十銭としたら、総額は三千万銭です。しかし塩策を行えば、成人にも子供にも直接税をかけることなく、大国二つ分の税収である六千万銭を得られます。民に直接税をかけるという政令を出したら必ず反対されますが、塩策なら百倍の利益をもたらし、民はそれを避けることができません」と言った。

『管子』海王《かいおう》篇

『管子』の中で管仲は、塩だけではなく鉄の専売も説いている。のちに前漢の武帝《ぶてい》は、塩・鉄に酒を加えた塩・鉄・酒の専売を始める。酒はすぐに、鉄もやがて専売から外れるが、塩の専売だけは近代中国の成立まで、中国の財政を支え続ける。唐《とう》（六一八～九〇七年）は、王仙之《おうせんし》・黄《こう》巣《そう》の乱という塩密売商人の反乱で滅んでおり、官僚制を用いた厳格な統治ができなかった元《げん》（一二七一～一三六八年）では、塩の専売収入が全体の五割を超えていた。それほど重要な経済政策が、管仲の政策とされているのである。

このため、次の有名な言葉も、『管子』のなかの管仲の言葉である。

倉廩《そうりん》（倉庫）が財貨で満たされて人は礼節を知り、衣食が足りて栄辱《えいじょく》を知る。国君が制度に則れば六親《りくしん》（親族）の関係が固まり、四維《しい》（礼・義・廉・恥）が疎《おろそ》かになったら、国は滅亡する。政令は水が源から流れ出るように発し、民心に順応させなければならない。

『管子』牧民《ぼくみん》篇

傍線部を変形したものが、日本で用いられる「衣食足りて、礼節を知る」という言葉である。礼節を知るためには、経済的な安定が必要であるという文章は、管仲を祖と仰ぐ管仲学派が、経済政策の専門家集団であったことを今日に伝えている。

このように管仲は、全権を掌握する宰相の典型として、経済政策の専門家として物語を形成されていく。管仲の尊称である「仲父《ちゅうほ》」を継承したのは、この人であった。

（秦の）荘襄王《そうじょうおう》が即位して三年で薨去《こうきょ》すると、太子の政《せい》が立って王となった。（政は）呂不《りょふ》韋《い》を尊重して相国《しょうこく》とし、号して「仲父」と称した。

『史記』呂不韋列伝

秦王政（のちの始皇帝）が親政を開始するまで、相国として専権を振るった呂不韋は、趙の大商人の出身であった。「仲父」の名に相応しい男なのである。呂不韋が食客に編纂させた『呂氏春秋』には、管仲の物語が十三種類も収録されており、ここで掲げた『韓非子』の物語も、『呂氏春秋』に収録されている。

このように管仲の「物語」は、呂不韋という経済に詳しい大宰相のもとで、その原型として多く集められたのであった。管仲が仕えた斉の桓公、『春秋左氏伝』が尊重する晉の文公といった覇者の物語は、こうして注目されるようになっていくのである。

第三章　孔子伝説の展開

1　魯の政治に関わる

『史記』孔子世家

　春秋《しゅんじゅう》の覇者を代表する桓公《かんこう》や文公《ぶんこう》が卒し、下克上《げこくじょう》の風潮が世を覆うなかで、周公旦《しゅうこうたん》の子である伯禽《はんきん》が封建された魯《ろ》に生まれた孔子《こうし》（前五五一？～前四七九年）は、後漢《ごかん》の章帝《しょうてい》期（七五～八八年）以来、中国の国教となる儒教《じゅきょう》の開祖である。

　中国史上、最も豊富な物語を持つ孔子であるが、孔子物語は『史記』に記されるものが最も体系的なので、ここでは『史記』に基づいて孔子の物語をみていこう。孔子の始めた儒教は、後漢のころには宗教であった。宗教は通常、神格・経典・教団の三要素を持つ。

イエスが神格化されていくのと同様に、儒教の成立に向かって、儒家は学祖である孔子を教祖として神格化していく。その際、文王《ぶんおう》・武王《ぶおう》、尭《ぎょう》・舜《しゅん》などの先王を設定することは、キリスト教のような一神教とは異なり、ブッダ以前の諸仏を設定する仏教に近い。その結果、士《し》に生まれた孔子は、大夫《たいふ》、卿《けい》を経て「素王《そおう》」と呼ばれる、資格を持ちながら即位しなかった王、さらには神へとその姿を変えていく。それに合わせて、物語が形成されたことは言うまでもない。

仏教に六回の仏典結集《けつじゅう》があったように、儒教でも経典（六経《りくけい》・七緯《しちい》・四書《ししょ》）の結集が行われており、それが始祖孔子の手によるという物語が形成される。さらに孔子教団の展開の中で、孔子の弟子たちもそれぞれの物語を持つようになっていく。

孔子の物語の基本は、『史記』の孔子世家《こうしせいか》である。世家は、『史記』の体裁では、諸侯の伝記である。そこに孔子の物語を入れる理由を司馬遷は、次のように説明している。

周室《しゅうしつ》が衰え、諸侯はほしいままに振る舞った。仲尼《ちゅうじ》（孔子）は礼が廃《すた》れ楽《がく》が崩れたことを悼《いた》み、経術《けいじゅつ》を修めることで、王道を達成し、乱世を匡《ただ》して正道にかえそうとした。その文辞を見ると、天下のため儀法を制定し、六藝《りくげい》（詩・書・春秋・易・礼・楽）の大本を後世に垂れた。(それを明らかにするため)孔子世家を作った。

『史記』太史公自序

司馬遷は、孔子が天下のために王道の達成と経術により、「乱世を匡《ただ》して正道にかえ」すこと(撥乱反正《はつらんはんせい》)を目指し、六経《りくけい》の大本と綱紀を後世に残したことを高く評価して、基準から逸脱して孔子を世家に記録した。「撥乱反正」は、『春秋公羊伝《しゅんじゅうくようでん》』の言葉で、司馬遷が董仲舒《とうちゅうじょ》という大家から公羊学を受けたことを示す。また、司馬遷は孔安国《こうあんこく》という孔子の子孫からも『尚書《しょうしょ》』を学んでいるが、孔子世家を著す際、中心に置いた資料は『論語《ろんご》』で、それに『孟子《もうし》』『左氏春秋《さししゅんじゅう》』『国語《こくご》』などを加えて、孔子物語を集大成した。

孔子とその弟子の言行録である『論語』も、その最終的な成立は前漢《ぜんかん》まで下る。そこには、多くの物語を内包しており、孔子本人の言葉と考えられるものは、約五百章からなる『論語』の中で半分もない。それを中心に、司馬遷は、どのような孔子物語を描いたのであろうか。

志学から而立まで

『論語』には、孔子が自らの一生を振り返って次のように述べる言葉がある。『論語』の有名な章であるため、書き下し文で掲げよう。（　）は、その年齢の呼び方である。

子曰く、「吾十有五にして学に志す（志学《しがく》）。三十にして立つ（而立《じりつ》）。四十にして惑はず（不惑《ふわく》）。五十にして天命を知る（知命《ちめい》）。六十にして耳順《みみしたが》ふ（耳順《じじゅん》）。七十にして心の欲する所を縦《ほしいまま》にするも矩《のり》を踰《こ》えず」と。

『論語』為政《いせい》篇

司馬遷の孔子世家も、これを意識して孔子の一生を描いている。

孔子は、前五五一年（春秋時代の末期）に、魯《ろ》国の昌平郷《しょうへいきょう》（江戸の昌平坂学問所の語源）で、叔梁紇《しゅくりょうこつ》と顔《がん》氏の女性との間に生まれた。司馬遷が孔子世家を著した少しあと、前漢の後半にもなると、母の徴在《ちょうざい》が尼丘《じきゅう》の山に登って神に祈ると、黒色の龍の精に感じて、孔子が生まれたとされるに至る（『論語緯《ろんごい》』）。それに比べると、まだ司馬遷のころには、孔子の神格化が進んでいない。孔子は宋人《そうひと》（殷《いん》の子孫）の末裔である。そのため『論語緯』という緯書《いしょ》（経書を補う目的で漢代の儒者たちが孔子に仮託して著した書物群）では、殷が黒徳であるため黒龍の精に感じて生まれた、とされていくのである。このように王（孔子の場合は、素王）が異常な生まれを持つことを感生帝説《かんせいていせつ》と呼ぶ。

父を亡くし、母が死去して喪に服しているときに、孔子は、魯の季孫氏《きそん》（孟孫氏《もうそん》・叔孫氏《しゅくそん》と共に魯の実権を握り、君主を蔑《ないがし》ろにしていた）に招かれる。しかし、陽虎《ようこ》（季孫氏の臣下だが権力を持ち、やがて下克上《げこくじょう》に失敗）に退けられた、とされる。ただし、陽虎と孔子の年齢が合わず、喪中の孔子が饗宴《きょうえん》に行くわけがないので、儒家の物語としては出来の悪い部分である。描きたかったのは、陽虎との確執の始まりなのであろう。

志学（十五歳）から本格的な学問を始めた孔子は、十七歳の時には学問で有名であった。孟釐《もうき》子《し》は、子の懿子《いし》に、「孔丘《こうきゅう》（丘は孔子の名）は、聖人の後裔である。年少《わか》くして礼を好むので、自分の死後は、必ず孔子を師とするように」と遺言をした、とされる。孟懿子《もういし》は、一度だけ『論語』為政《いせい》篇に、「孟懿子 孝を問ふ。子曰く、「違《たが》ふこと無かれ」と」と記されている。魯の権力者である三桓《さんかん》氏（孟孫氏・叔孫氏・季孫氏）に属する孟懿子が、なぜ孔子から学んだの

図３−１　孔子像 北京国子館

か、という理由を説明する物語であろう。

その後、孔子は季氏に使われ、また牧場を管理するなど、若き日に多くの細かい仕事をした、という。それは、『論語』子罕《しかん》篇に、「「夫子《ふうし》は聖者か。何《なん》ぞ其れ多能なる」と。子貢曰く、「固《もと》より天縦《てんしょう》の将聖にして、又多能なり（まことに天がゆるした大徳を備える聖人であり、それでいて多能なのです）」と」とある理由を説明する物語である。

また、孔子が長九尺有六寸《みのたけ》（約二二一センチ）で、人はみなこれを「長人」と呼んだ、とする。これが『春秋演孔図《しゅんじゅうえんこうと》』という緯書《いしょ》では、長《みのたけ》は十尺（約二三〇センチ）に伸び、腰回りは十囲《い》（両手の指で囲み、できる輪が一囲《い》）、頭は尼山《じざん》のように真ん中が大きく陥没し、背中は亀のように湾曲《わんきょく》し、翼のような腕が膝《ひざ》の下まで垂れ、掌《てのひら》は虎にそっくりで、十二色の眉毛は土手のように張り出していると記される。まだまだ続くが、孔子の魁偉《かいい》な容貌はこの程度でよかろう。古来中国では、聖王は身体的な異形《いぎょう》の持ち主とされるが、これはやりすぎで、もはや怪獣にしか見えない。前漢末から後漢に制作された緯書では、孔子の神秘化がさらに進んでいくのである。

孔子は、老子に会って、「聡明で深く（事理を）察しても死に近い者は、好んで人を誹《そし》る者である。博学能弁で見識が広くても、その身を危うくする者は、人の悪を暴《あば》く者である。人の子たる者は、自我《じが》を持ってはいけない。人の臣たる者は、自我を持ってはならない」と忠告された、という。これについて、司馬遷は、『史記』老子列伝では、孔子が老子を訪ねたことを明記しながら、孔子世家ではその有無を疑っている。もちろん、伝説と考えてよい。司馬遷が『史記』を書いた前漢武帝期に尊重されていた黄老思想に対して、勢力を拡大しつつあった儒教が、一目置いていることを示す記録である。

やがて、而立（三十歳）となった孔子は、宰相の晏嬰《あんえい》と共に魯を訪れた斉の景公と次のように対話をしたことが記される。

景公は孔子に尋ねて、「むかし秦《しん》の穆公《ぼくこう》は、国が小さく僻地におりながら、覇者となったのはなぜか」と言った。（孔子は）お答えして、「秦は国が小さいですが、その志《こころざし》は大きいものがありました。僻地におりましたが、行動は中正でした。自ら五羖《ごこ》を抜擢して、大夫に爵《しゃく》し、牢獄の中から起用し、共に三日間語ったのち、政治を委ねました。こうしたあり方だと、王者になることもできます。覇者となったのは小さなことです」と答えた。景公は喜んだ。

『史記』孔子世家

斉の景公は、『論語』の中にも三回現れ、孔子を臣下にしようとする。会話が残ってもおかしくないが、古来、この部分も偽作、すなわち物語と考えられている。それは、王者・覇者という区別が『孟子』から始まるためで、孔子が『論語』の中で覇者に論及することはない。司馬遷は、孔子が而立の年に一人立ちして、学問によって大国の斉の景公に称《たた》えられたことを物語により示したのであろう。

このように検討してくると、『史記』に記された孔子が三十歳になるまでの伝記は、神格化こそ見られないものの、物語的な要素に満ちている。史実の孔子に近づくのは、ここまではほぼ不可能である。

不惑を経て知命まで

孔子は、三十五歳のとき、高昭子の家臣となって斉の景公に近づこうとした、という。これについて、清の崔述《さいじゅつ》は、景公とは三十歳のときに問答があったはずで、高昭子の家臣になって景公に近づこうとする必要はない、とする。その通りである。このとき孔子は、斉の太師《たいし》（音楽官）と楽《がく》を語り、韶《しょう》の音を聞いて、三ヵ月間、肉の味が分からなかったという。韶とは、舜《しゅん》の楽で、『論語』八佾《はちいつ》篇では、「美を尽くせり、又善を尽くせり」と孔子が讃《たた》えている。なお、『論語』八佾篇には、孔子が魯の太師《たいし》と楽を語ったことが記されており、唐の司馬貞《しばてい》は、この部分も魯の太師を斉に合わせた作文、すなわち物語であると述べている。

そののち、先ほどから何回か物語に用いられている斉の景公に、孔子が用いられなかったことが記される。具体的には、『論語』顔淵《がんえん》篇の景公と孔子の対話と、『論語』微《び》子篇の自分は老いたので孔子を用いられないという景公の言葉の間に、『墨子《ぼくし》』非儒《ひじゅ》篇下と『晏子春秋《あんししゅんじゅう》』不合経術《ふごうけいじゅつ》者《しゃ》に見える晏嬰《あんえい》が孔子を用いないよう進言する話を挟んでいる。なかなか複雑な作りである。

『論語』の顔淵篇を掲げよう。

> 斉《せい》の景公《けいこう》は政治を孔子に尋ねた。孔子は答えて、「君は君として、臣は臣として、父は父として、子は子として（それぞれの本分を尽くすように）あることです」と答えた。景公は、「それは善い。本当にもし君が君らしくなく、臣が臣らしくなく、父が父らしくなく、子が子らしくなければ、穀物があったとしても、わたしはどうしてこれを食べられよう」と言った。
>
> 『論語』顔淵篇

このままの会話があったかは措《お》くとして、この言葉は、名分を正すことで下克上《げこくじょう》を否定する孔子の思想に合致している。ここに『史記』の孔子世家は、はじめて内的には矛盾なく、また他書からも証明できる孔子の史実を記す。司馬遷の描く孔子の生涯は、ここに一つの史実との繋《つな》がりを持つことができた。

孔子が四十七歳のときに、季桓子《きかんし》が井戸から出ていた羊のようなものが何かを孔子に尋ねたことを機に、孔子の博学ぶりを示す物語が五つ掲げられる。『論語』によれば、孔子は本来、怪《かい》・力《りき》・乱《らん》・神《しん》を語らないが、ここでの孔子は、それらにも詳しい博学の聖人とされる。後世創作された孔子物語であろう。

こののち、魯で下克上が起きる。季桓子が家臣の陽虎により捕らえられたのである。孔子は、退いて詩・書・礼・楽を修めた。下克上をした陽虎には出仕しないことで、それを認めない態度を示したのである。それでも陽虎が失脚して斉に逃れたのち、政権を握った旧陽虎派の公山不狃《こうざんふちゅう》は、孔子を呼んで政権に参与させようとする。「知命」（五十歳）になっていた孔子は、出仕しようとするが、子路が嫌がる。孔子は、「もしわたしを用いれば東周を作ろうか」と言うが、結局は出仕しなかった。これは、『論語』陽貨篇の次の章に基づく。

公山不擾《こうざんふじょう》が（治めている）費を拠点に反乱を起こした。（不擾が孔子を）招いた。孔子は行こうとした。子路《しろ》は喜ばなかった。（子路は）言った、「行くべきでないなら止《や》めるだけです。どうして必ずしも公山氏（のところ）に行かねばならないのですか」と。孔子が言った、「そもそもわたしを召す者は、無駄にそんなことをするだろうか。もしもわたしを用いる者がいれば、わたしは東（の魯）に周《しゅう》（の道）を敷こう」と言った。

『論語』陽貨篇

最後の「東（の魯）に周（の道）を敷こう」は、書き下し文だと「東周《とうしゅう》を為《な》さんか」となり、単純に読めば魯に東周を作ろうとしていることになる。それでは、衰退しながらも洛邑に存続している周王への不敬になるため、歴代の注釈者は解釈に苦しみ、この章を後世の鼠入《ざんにゅう》として否定する説もある。もちろん、後世の鼠入なのだが、孔子が東周の王になるかのような発言をしている背景には、「孔子素王説」がある。司馬遷は、孔子は『春秋』を著すことによって、天子を貶《おとし》め、諸侯を退け、大夫を討ち、王事を達したと、董仲舒先生から教わったと述べている（『史記』太史公自序）。このため司馬遷は、孔子は現実の世界で自ら東周を建てることはなかったものの、『春秋』を著すことで「王の事業」を行った「素王」である、と考えており、『論語』の注釈者たちとは異なり、司馬遷は、孔子が現実の世界で東周の王となることを止めた、と理解している。公山不狃《こうざんふちゅう》の乱に孔子が関わらなかったことが、事実か否かという問題よりも、ここでは、司馬遷が『論語』陽貨篇を「孔子素王説」によって解釈していることの方が重要なのである。孔子素王説は、それほどまでに後世に大きな影響を与えていく。

政界での活躍と帰郷

魯の定公は、孔子を中都《ちゅうと》の宰《さい》、司空《しくう》、大司寇《だいしこう》にすると、孔子は「夾谷《きょうこく》の会」で斉の景公を圧倒した、と司馬遷は記述する。孔子が最も活躍する外交の晴れの場であるが、『論語』には一切記録がない。それでも『春秋左氏伝《しゅんじゅうさしでん》』『春秋公羊伝《くよう》』『春秋穀梁伝《こくりょう》』のすべてに記載される。それらに比べると、『史記』の文章は、圧倒的に文学性が高いことを特徴とする。『史記』が、身振りや手振りを伴って語られていた講談から取材したために、物語的な文章になったとする主張もある。

具体的には、『史記』と穀梁伝は、文武兼備の孔子像を描き、左氏伝は、礼に終始する孔子像を記載する。それは、左氏伝が元帝・王莽期に出現したことと関わりがあろう。そのころには、儒教の礼に従うことが、きわめて重要視されていたからである。いずれにせよ、「春秋三伝」に記されるとはいえ、『論語』に一切の言及がない以上、「夾谷の会」もその実在を証明することは難しいと言えよう。

続いて、内政として、孔子が公山不狃《こうざんふちゅう》を斉へと亡命させたことなどが描かれる。これも『論語』には記録がない。そののち、国政を乱す少正卯《しょうせいぼう》を誅したことが記される。ここは、『荀子《じゅんし》』の記述を踏襲している。こうした孔子の内政の結果、民が「塗《みち》に拾遺」しないほど、魯が治まったというのである。それが事実なのかはともかく、「塗に拾遺せず」という字句は、政治の整っている表現として、こののち慣用句となる。

こうした孔子による魯の統治の成功に斉が恐れ、「女楽」を贈って、魯の政治を乱した、という。これについては、『論語』微子篇に次のように記される。

斉《せい》の人が女楽（女性歌舞隊）を贈った。季桓子《きかんし》はこれを受け取らせ、三日も朝礼を取りやめた。孔子は（魯を）去った。

『論語』微子篇

こうして孔子は、魯の政治から去った、とするのである。史実として、確定できることは、斉に用いられなかった孔子が、出身の魯国の政治に関わり、外交的に活躍したかはともかく、斉に恐れられる程度の内政の手腕を発揮したものの、季氏をはじめとする三桓子が魯君の権力を掣肘している状況を改善できず、祖国を後にしたことである。孔子の本領は、実際の政治の場にはなく、儒学という学問の基礎と弟子の育成により教団を形成したことにこそある。

2　放浪する孔子

斯文への思い

魯を去った孔子は衛に行き、魯と同額の待遇で仕えたものの、罰せられることを恐れて衛を去った、という。『論語』衛霊公篇《えいれいこう》では、霊公に軍事のことを聞かれた孔子が、礼は学びましたが、軍事は学んでおりませんと答え、翌日に衛から去ったことが記される。

途中、宋の邑である匡《きょう》という場所で、陽虎《ようこ》と孔子が似ているために誤って攻撃された、という。これも『論語』に記されており、次のように、孔子としては珍しく強い調子で、自らの使命を述べたとされる。

孔子は匡《きょう》の地で危難に遭遇し、（次のように）言った、「文王《ぶんおう》はすでに亡くなったが、（周の）文はわたしの身にあるではないか。天がこの文を滅ぼそうとしているのであれば、後世のわたしはこの文に関与できなかったはずだ。（つまり）天がこの文を滅ぼそうとしていないのだから、匡人がわたしをどうできようというのか」と。

『論語』子罕篇

「この文」と翻訳している言葉は、「斯文《しぶん》」である。斯文は、孔子が周から受け継いだ文化だけではなく、後には儒教そのものの意味になる。江戸時代の昌平坂《しょうへいざか》学問所を継承して孔子廟《こうしびょう》を持つ湯島聖堂《ゆしませいどう》は、斯文会という組織により守られている。孔子もまた、「斯《こ》の文」を周の文王から継承した以上、匡人ごときに殺されるはずはない、と強い使命感と文に対する自負心を述べている。

孔子は、衛に戻ると、蘧伯玉《きょはくぎょく》のもとに身を寄せる。そののち、霊公の夫人で淫乱な南子《なんし》に謁見した。子路が訝《いぶか》ると、孔子は誓って疚《やま》しいことはないと言い訳する。そして、霊公が夫人と車を共にし、次の車に載せられると、孔子はそれを恥じ、衛を去った、という。その際に、孔子が述べたとされる、「吾 未《いま》だ徳を好むこと色を好むが如《ごと》き者を見ざるなり」という言葉は、『論語』

子罕《しかん》篇の言葉である。

宋に行った孔子は、司馬の桓魋《かんたい》に襲われ（『論語』述而《じゅつじ》篇に基づく）、鄭に行った際には「喪家《そうか》の狗《いぬ》」に譬《たと》えられる。元気がなくやつれ果てている人、という意味で日本でも使われた言葉である。孔子は、遍歴の間、自分を用いようとする君主にめぐり会わず、その抱懐する思想も生かし得ずに、心を痛めて喪家の狗のように、心身共に疲れ果てていた。

そののち、孔子は、陳で戦いに巻き込まれ、故郷に帰る決意をする（『論語』公冶長《こうやちょう》篇）。その途中、蒲《ほ》で争いに巻き込まれ、強制された盟約《めいやく》を破って、衛に逃れていく。

孔子が衛に戻ると、衛の霊公は感激した。それでも用いられなかった孔子は、「三年でも用いられれば、成果を挙げられるのに」と嘆いた、という。『尚書《しょうしょ》』尭典《ぎょうてん》篇に、「三年で業績を考える」とあるように、三年は物事の成否の期限であった。

晋《しん》の趙簡子《ちょうかんし》の采邑《さいゆう》（領地）である中牟《ちゅうぼう》の宰であった仏肸《ひつき》が、趙簡子に背いて孔子を召く。孔子が行こうとするのを子路《しろ》が批判すると、孔子は「わたしは苦瓜ではない。ぶら下がったまま食べられずにいられようか」と述べ、出仕への意欲を示した、という。『論語』陽貨篇に基づく物語である。

このように孔子は、祖国の魯《ろ》を離れて衛《えい》に行き、衛に戻って来るまでの間、自説を受け入れる君主を求めたが、用いられなかった。それどころか、迫害を受けた。「陳《ちん》・蔡《さい》の厄《やく》」は、それらの危難の中でも最大のものであった。生命の危機に望んで、孔子はどのように対処した、と司馬遷は描くのであろうか。

陳・蔡の厄

蔡に行った孔子は、やがて陳と楚との戦いに巻き込まれ、包囲されて食べ物にも事欠く有様に追い込まれる。これは、『論語』の他、『荀子《じゅんし》』や『孔子家語《こうしけご》』など別系統の資料にも記され、孔子の諸国放浪の中で、史実と考えてよいものである。怒った子路に君子のあり方を説く『論語』の言葉を掲げよう。

> 陳《ちん》にいるときに食糧が途絶えた。（孔子の）従者たちは疲れ果て立つことができなかった。子路《しろ》は我慢ができず、お目通りをして言った、「君子でも困窮することがあるのでしょうか」と。孔子は答えた、「君子でももちろん困窮する。小人は困窮すれば、見境がなくなる」と。
>
> 『論語』衛霊公篇

このように孔子は述べて、子路をなだめたが、司馬遷は納得しなかったようである。続く部分で多くの字数を割《さ》いて、孔子が用いられない理由を子路・子貢・顔回に言わせている。これは『論語』には記載されない。『史記』の孔子は、『詩経』の「兕《じ》に匪《あら》ず虎に匪ず、彼《か》の曠野《こうや》に率《したが》ふ」を引用して、自らの放浪を兕（野牛）や虎が広野を引き回されることに譬《たと》え、わが道が間違っているのか。どうしてここで苦しむのか、と問う。それに対して三人の弟子はそれぞれ次のように答えている。

子路は、自分に仁と知が足りないためでしょうかと答えた。孔子は、用いられない伯夷《はくい》・叔斉《しゅくせい》（仁者）、王子比干《おうじひかん》（知者）の事例を挙げて、子路の答えを否定する。子貢は、道が大きすぎて受け入れられないのだから、少し道を小さくしては、と提案する。孔子は、子貢の志が遠くないと批判する。顔回は、道が大きすぎて受け入れられないのを恥じることはない。受け入れられなくとも、曲げないことこそ君子である、と答えた。孔子は、おまえが金持ちならわたしは番頭になるよ、と上機嫌に答えている。

いつも義に逸《はや》って憤懣《ふんまん》やるかたない子路と、智恵と雄弁では孔門第一の子貢と、学と徳を共に孔子が認めていた顔回の違いをよく描き分けている。しかも、孔子はこの危機に、親愛する顔回ではなく、子貢を使者に出して、楚の救援を得ている。いつも、顔回に劣るとされながら、実際には役に立つ子貢が使い回されるのは、気の毒でならない。

魯に帰る

孔子を迎えた楚の昭王は、七百里の地に封建しようとする。しかし、宰相の子西《しせい》に、孔子を重用すれば楚は孔子のものになる、と反対されて用いなかった。これも他の書物には典拠がない『史記』独自の資料であり、孔子素王説を取る割りには、司馬遷が孔子の用いられない状況に拘っていることが分かる。

孔子は楚で隠者の批判を受ける。狂接輿《きょうせつよ》が「鳳《ほう》よ、鳳よ。何《なん》ぞ徳の衰《おとろ》へたる」「已《や》みなん已みなん。今の政に従ふ者は殆《あやふ》し」と孔子を批判したのである（『荘子』人間世を典拠）。孔子は、結局、楚から衛に戻った。このとき孔子は、六十三歳であった。

子路は、衛君が先生を用いれば、どんな政治をしますかと尋ねた。孔子は、「必ずや名を正さん」と答えた。これは、『論語』に典拠があり、また、孔子の重要な思想であるため、掲げておこう。

子路が言った、「衛《えい》の君主が先生を遇して政事を行うことになったとしたら、先生はまず何からなさいますか」と。孔子が言った、「きっと（あらゆるものの）名を正すであろう」と。子路が言った、「これですからね、先生の迂遠《うえん》さは。どうして正そうとするのですか」と。孔子が言った、「分かっていないな、由《ゆう》（子路）は。君子は知らないことについては、そのままにして何も言わないものだ。名が正しくなければ言葉は順序立たず、言葉が順序立たなければ政事は達成されず、政事が達成されなければ礼楽は興らず、礼楽が興らなければ刑罰は適切に行われず、刑罰が適切に行われなければ民は手足を置く所もな（く安心できな）い。だから君子は名づければ必ず明言できる。明言すれば必ず実行できる。君子はその言葉について、いいかげんにすることはない」と。

『論語』子路篇

このように、孔子は名分を正すことにより、下克上で乱れた春秋末期の秩序を正そうとした。子路が言うように迂遠な道である。始皇帝の中国統一などには、役に立たない思想であろう。しかし、漢が四百年の安定を得るには、優れた思想だったのである。

このののち孔子は、魯を去ってから十四年、ようやく魯に帰っていく。

以上のように、『史記』孔子世家は、ほぼ不明な出仕以前は物語で繋ぎ、魯で活躍したことは、『史記』以前に成立した物語によって、実態よりも孔子が活躍していたと描き、放浪する後半期は、『論語』を活用して孔子の姿を描いている。『論語』を中心とする断片的な情報から、これだけの長編物語をまとめられた司馬遷は、物語作家として高い評価を受けるべきであろう。ただ、儒者の司馬遷が書きたかったことは、これ以降に記される儒家の経典や教団をどのように孔子が形成していったのか、という物語なのである。

3　経典と教団

経典と教団

『史記』孔子世家は、孔子が六十六歳で魯に帰郷したあと、経典の編纂と弟子の教育に努めたことを次のように記している。

孔子のときに、周室は弱体化して礼楽《れいがく》が廃《すた》れ、詩書《ししょ》は欠《か》けた。(そこで孔子は、夏・殷・周の）三代の礼を追迹《ついせき》し、書伝《しょでん》(尚書）を整理し、上は唐《とう》(尭)・虞《ぐ》(舜）から紀《しる》し、下は秦《しん》の繆《ぼく》公に至るまで、その事跡を編纂した。(孔子は)「夏《か》の礼の大要は言うことができるが、(夏の子孫の)杞《き》にも文献はなく、証明できない。殷《いん》の礼の大要は言うことができるが、(殷の子孫の)宋《そう》にも文献はない。文献があれば、わたしの説を証明できるのに」と言った。(また孔子は)殷・夏の礼に取捨・損益があるのを見て、「百世後(の礼)でも知ることができる。一つ(の夏)は文を、一つ(の殷)は質を尊重した。周は二朝に鑑みてその文が、はっきりして華々しい。吾《わたし》は周に従おう」と言った。このため書伝と礼記《らいき》は孔子から起こった。

『史記』孔子世家

このように、孔子世家は、『尚書』と『礼記』を孔子が起源であると述べている。礼が孔子に依拠する証拠として挙げている孔子の言葉は、前者が『論語』八佾《はちいつ》篇、後者が『論語』為政《いせい》篇である。孔安国《こうあんこく》から『尚書』を修めていた司馬遷は、『尚書』は当然孔子がまとめたものとして、『論語』を典拠に『礼記』を孔子の著作と考えるのである。

そして、楽・詩・易の諸経についても、『史記』孔子世家は、次のように孔子が編纂したと伝えている。

孔子は魯《ろ》の大師《たいし》に、「楽は知ることができる。最初の出だしは盛んで、五音が放たれれば調和する。曲調は明確で、音が途切れない。こうして完成する」と言った。（孔子は）「吾《わたし》が衛《えい》から魯に帰り、そののちに楽は正しく、雅《が》・頌《しょう》はそれぞれ所を得た」と言った。むかし詩は三千余篇あった。孔子のときに重複した詩を削り、礼義に施《ほどこ》せる詩だけを取った。上は契《せつ》・后稷《こうしょく》から採り、中は殷《いん》・周《しゅう》の盛時を述べ、幽《ゆう》王・厲《れい》王の荒廃した時代までとした。（また詩の内容では）衽席《じんせき》のような卑近なものから始まる。このため、（孔子は）「関雎《かんしょ》の曲を国風《こくふう》の始めとし、鹿鳴《ろくめい》を小雅《しょうが》の始めとし、文王《ぶんおう》を大雅の始めとし、清廟《せいびょう》を頌の始めとした」と言った。（選んだ詩の）三百五篇を孔子はみな弦歌《げんか》して、韶《しょう》・武・雅・頌の音に合うことを求めた。礼楽はこれにより述べられるようになり、王道を備え、六藝《りくげい》が完成した。（また）孔子は晩年、易を好んだ。序卦《じょか》伝・彖《たん》伝・繋辞《けいじ》伝・象《しょう》伝・説卦《せっか》伝・文言《ぶんげん》伝など、易を（反復して）読んだので、韋《い》（綴じるための皮紐）が三度も絶ち切れた。（孔子は）、「我《わたし》に数年を与え、今までのようにすれば、我は易において、文も質も理解できよう」と言った。

『史記』孔子世家

楽について、司馬遷は、『論語』八佾篇・子罕篇を典拠として、孔子の関与を主張するが、『詩経』については、『論語』の典拠がない。『論語』の中で、孔子は『詩経』をすでに有るものとして学んでいるためである。易については、後述のように文字に異同のある『論語』述而篇を典拠に孔子の関与を主張している。

現在では、孔子のときに書物として存在していたものは、『尚書』の一部と『詩経』だけと考えられている。しかも、『論語』には孔子が編纂したとの記録がないように、両書は孔子が編纂したものではなく、また儒家だけが独占的に使用したのでもなく、それは言わば民族共有の古典であった。そのため、儒家は両書が孔子の編纂であることを強く主張する必要があった。孔子が約三千あったという詩を削り、礼義に関わるものだけを三百五篇選んだという「孔子刪詩説」は、『詩経』の解釈に経学的な枠組みを強要し、こののちの『詩経』の解釈にかなりの無理を強いることになる。

また、礼と楽は、孔子のときにも重視したので、『論語』の中にそれに言及した孔子の言葉が残る。ただ、礼が書物化されるのは孔子より後のことで、伝わらなかった『楽経』は存在したこと自体が疑われている。

易もまた、儒教とは無関係の占いを起源とする。漢代にかけて「繫辞伝《けいじ》」など十翼と呼ばれる易の儒教的な解説書が著されて、儒教経典とされていく。易は、『論語』では、司馬遷が引用している章だけしか、論及されていない。しかも、司馬遷が孔安国から学んだ古文学の『古論語』には「易」の字になっているものが、今文学の『魯論語』では「亦」の字であったことが、唐代の『経典釈文《けいてんしゃくもん》』により知られていた。実際、一九七三年に河北省定州市から出土した『論語』では、「易」の字が「亦」の字になっており、孔子が易と関わりを持たなかったことが明らかとなった。孔子は易を読んではいなかったのである。『老子』などの道家系の宇宙論に対抗するために、儒家は易を儒教の経典とし、孔子は韋が切れるほど熱心に読み込んだ（「韋編三絶《いへんさんぜつ》」という故事成語の語源）と主張して、前漢末には五経の頂点に位置づけるに至っていく。

孔子の教育

『史記』孔子世家は、孔子の弟子たちについて、次のように説明している。

孔子は、詩・書・礼・楽で（弟子を）教育した。弟子はおよそ三千であった。（そのうち）六藝《りくげい》に通じた者は七十二人であった。顔濁鄒《がんたくすう》のように、ある程度の学業を受けた者であれば、とても多かった。孔子は、四つのことを人に教えた。文・行・忠・信である。（また孔子は）四つのことを持つべきではないとした。憶測はせず、必然はなく、固執はせず、我欲はない、という四つである。慎しんだのは、斎《さい》（ものいみ）・戦争・病気である。孔子は稀に利を言い、（言うときには）命と仁と一緒に言った。（孔子は弟子が悩んで自分に）憤るほどでなければ啓発せず、一つの隅を挙げると三つの隅を答えなければ、二度教えることはなかった。

『史記』孔子世家

孔子の弟子への教育について、司馬遷は、ほぼ『論語』に基づいて説明している。続く孔子の日常も、主に『論語』郷党篇に依拠している。日常の叙述に比べると、教育の部分には、記述に工夫が見られる。『論語』に記されるのは、「雅言《がげん》する所は、詩書・執礼なり。皆 雅言す」（『論語』述而篇）という記述で、孔子が詩・書を読むとき、そして礼の号令をかけるときには「雅言」（標準語）を用いた、という言葉の問題である。漢代には、『方言』という本が編纂されるように、今も続く中国の言語の地方ごとの差異は、古くから存在した。孔子は、山東《さんとう》（黄河下流域）の出身であるが、詩・書を読むときには中原《ちゅうげん》（黄河中流域）の雅言で読んだというのである。司馬遷はこの『論語』の言葉をめぐる記載に楽を加えて、孔子が、詩・書・礼・楽で（弟子を）教育した、と工夫している。

孔子の教えた学問の内容について、司馬遷は『論語』に記される弟子たちの言葉を並べて説明している。一番の高弟であった顔回（顔淵）のそれを掲げよう。

顔淵がため息をつきながら感嘆して言った、「先生を仰げばますます高く、穿《うが》とうとすればますます堅い。前にいるのを見かけたかと思えば、捉え所のないまま後ろにいる。先生は順序立てて巧みに人を教導し、文によってわたしを広め、礼節によってわたしを引き締めるので、（善に進むことを）止めようとしても止められない。すでにわたしは才能を出し尽くしている。（それなのに先生は）まるで遥か高い所に立っているようだ。これに従おうとしても、及ぶことができない」と。

『史記』孔子世家

弟子たちの孔子への思いを彷彿《ほうふつ》とさせる文章である。孔子は六十歳を越えても諸国を放浪し、自己の主張を述べたが、用いられることは

図３－２　顔回像 北京国子館

なかった。子の鯉《り》にも早く死なれ、最も期待した顔回にも、最も愛した子路にも先立たれている。このため、孔子の一生を寂しい人生であったと言う人もあるが、自分を慕う優秀な弟子に囲まれた有意義な一生であったと考えられる。

こうした孔子を教育者と捉える考え方に対して、司馬遷は、孔子の生きた証《あかし》、孔子への評価を定めるものは『春秋』にあると考えている。

天命と春秋

『史記』孔子世家は、孔子が死去する前に起きた「獲麟《かくりん》」と呼ばれる事件をきわめて重視する。本来的には聖人の世に生まれるはずの「聖獣」麒麟《きりん》が、魯の乱れた世に現れ捕らえられて死ぬ。それを見た孔子は、そこに天命を知ったというのである。

魯《ろ》の哀公《あいこう》十四年の春、大野《たいや》で狩《かり》があり、叔孫氏《しゅくそんし》の車子の鉏商《しょしょう》が獣を獲た。それを不祥とした。孔子はこれを見て、「麒麟《きりん》である」と言った。（魯人は）麒麟を持って帰った。（孔子は）「黄河は図《と》を出さず、雒《らく》は書《しょ》を出さない。吾《わたし》は万事休した」と言った。……（孔子は）「否、否、君子は世を終えて名の称せられないことを憂える。吾が道が行われなければ、吾はどうして後世に現れようか」と言った。そこで史官の記録に基づいて『春秋』を作った。上は（魯の）隠公《いんこう》から、下は哀公《あいこう》十四年に終わるまで、十二公である。魯（の歴史）を根拠にし、周を親とし殷を故《こ》として、道を三代（の聖王）に運《めぐ》らした。その文章は簡約にして意義を広大にした。呉と楚の君主が自ら王と称したが、『春秋』はこれを貶《おとし》めて呉子《ごし》・楚子《そし》と記した。（晉の文公の）踐土《せんど》の会盟は、実態としては周の天子を召《よ》びつけていたが、『春秋』はこれを諱《い》んで、「天王 河陽に狩《かり》す」と記した。こうした類を推して、世を矯正し、褒貶《ほうへん》の義を明らかにした。後に王者が、（褒貶の義を）挙げて春秋の義が行われれば、天下の乱臣《らんしん》・賊《ぞく》子《し》は恐れよう。（かつて）孔子は官職にあり訴訟を裁く際には、文章は人と共に作り、専行しなかった。『春秋』を作るにあたって、（孔子は自ら）書くべきものは書き、削るべきものは削った。（文章を得意とする）子夏《しか》でも、一語も助けることができなかった。（孔子は）弟子に『春秋』を伝授して、「後世、丘を知る者は『春秋』によってであり、丘を罪する者もまた『春秋』によってであろう」と言った。

『史記』孔子世家

麒麟の死去を見た孔子は、自らの理想が現世で実現することを諦《あきら》める。しかし、このまま死ねば、孔子は名を残すことができない。そこで、孔子は、魯の史官の記録に手を加えて『春秋』をつくり、そこに毀誉褒貶《きよほうへん》を含めて「春秋の義」を明らかにした。後の王者がこの「春秋の義」を明らかにすれば、天下の乱臣・賊子は恐れ、天下は太平になると考えた、というのである。

司馬遷は、董仲舒という春秋公羊学者に学び、自ら孔子の『春秋』を書き継いで『太史公書』（『史記』と呼ばれるのは後漢末）を著した。すなわち、自らの著書の起源が、孔子の著した『春秋』なのである。司馬遷もまた、現世で名を残すような活躍ができなかった。そこで、孔子が、「丘を知る者は『春秋』によってであり、丘を罪する者もまた『春秋』によってであろう」と言った『春秋』という経典を最も重視して、孔子世家の経典の説明の最後に、孔子の執筆契機である「獲麟」と共に特別に記したのである。

ただし、『春秋』という経典は、『論語』の中で言及されることはなく、『孟子』になって初めて孔子が著したと主張され始める。簡単に言えば、孔子と無関係な経典なのである。それでも司馬遷は、『春秋』を最も重要な儒教の経典として、その記録を書き継いでいく。司馬遷が書いた『史記』が、『春秋』とどのような関係にあるのか。それが中国の正史の筆頭とされることで、物語と史書との関係がどのようになるのかについては、第五章で再び扱うことにしたい。

孔子世家は、最後に孔子の死を次のように描いている。

翌年、子路《しろ》が衛《えい》で死に、孔子は病気になった。子貢《しこう》が面会を請うと、孔子はたまたま杖を頼りに門のあたりを逍遥しており、「賜《し》よ、汝《おまえ》は来るのが晩《おそ》かったな」と言った。孔子は歎き、「太山は壊《くず》れよう。梁柱は摧《くだ》けよう。哲人は死ぬのか」と歌った。そして涕《なみだ》を流した。子貢に、「天下に道がないことは久しいが、（わたしを）宗とするものもない。夏人は殯《かりもがり》を東階で、周人は西階で、殷人《いんひと》は両柱の間でする。昨夕予《わたし》は夢で両柱の間に置かれ、供物を捧げられる夢を見た。予の祖先は殷人なのだ」と言った。後七日で卒した。孔子は七十三歳、魯の哀公十六年四月己丑《きちゅう》であった。

『史記』孔子世家

孔子の死後、墓を守って三年、さらに三年の喪に服し、教団をまとめて儒家の発展の基礎を築いたものは子貢であった。司馬遷は、次のように「太史公曰く」で述べている。

孔子は、布衣の身ながら、その道は十余代に伝えられ、学者はこれを宗としている。天子・王侯をはじめ、中国の六藝を云々する者は、すべて孔夫子を標準として、取捨選択している。至聖と言わねばならない。

孔子は、六経の編纂をすることで「至聖」として司馬遷により後世にまで記録された。孔子の「時」に遭わずに「窮」した「素王」としての生きざまは、司馬遷の『史記』により救われたのである。

4 『荘子』の孔子物語

『荘子』の孔子批判

司馬遷が『史記』で、虚構を主としながらも孔子の物語をまとめた理由は、儒家以外の諸子の書物に多くの孔子物語が記され、儒家にとって許容できない孔子像が流布していたためであった。その代表的な事例が『荘子』である。

『荘子』は、前三〇〇年を中心とする戦国後期に活躍した荘周とその後学の言説を戦国末期ごろにまとめた書物である。『荘子』には、全部で四十九例の孔子物語が記されている。老耼（老子）はもとより、荘周本人の三十一例よりも遥かに多い孔子物語を『荘子』は、なぜ掲げるのであろうか。

『荘子』が収録する物語には、孔子を直接的に批判するものがあり、それは老子の教えを孔子が聞くという、『史記』老子列伝に記される設定のもと、老聃《ろうたん》の教えに孔子が納得する話である。

孔子は、老子に尋ねて、「ある人が道を修める方法は、世間に逆らうかのようで、世間の不可とするものが実は可であり、世間の不然《ふぜん》とするものが実は然《ぜん》である、と主張しています。あの弁者たちは、「軒端《のきば》に掲げるように、堅さと白さを明白に分ける」と言いますが、かれはそうした人物です。聖人と呼べるでしょうか」と言った。

老子は、「そんなものは、小役人の雑役か、職人の小細工であり、身体を苦しめ精神を苛《さいな》むだけのものに過ぎない。譬《たと》えれば、繫《つな》がれている犬が様々な妄想に取りつかれ、猿が素早く手足を動かすのが、山林に住むためであるのと同じようなものだ。丘（孔子の名）よ、そんなつまらぬことではなく、君の聞いたり言ったりできない、まことの聖人のことを話そう。……まことの聖人は、有形の物を忘れ、立ち返るべき天も忘れ、己の存在すら忘れ果てるものである。己の存在をすら忘れ果てた人であれば、巧まずに天に没入できる。まことの聖人と言ってよかろう」と答えた。

『荘子』外篇天地

孔子が老子に述べている、「道を修める方法は、世間に逆らうかのようで、世間の不可とするものが実は可であり、世間の不然とするものが実は然である」と批判する「聖人」像は、『荘子』が否定したい初期道家の主張である。孔子にそれを語らせたうえで、老聃はそれを詭弁《きべん》とし、『荘子』の「聖人」像を明示する。それは、有形の物、天、さらには己の存在すら忘れ果てるものであり、己の存在すら忘れ果てた人であれば、巧まずして天に没入することができる、とするのである。「己の存在を忘れる人」は、『荘子』の巻頭の内篇逍遥遊《しょうようゆう》で「至人《しじん》」とされ、功績のない「神人」（霊妙な能力の人）、名誉のない「聖人」（最高の境地の人）の上に置かれている。すなわち、語っているのは老聃であるが、その内容は『荘子』の中心的な主題である。それを孔子がまことの「聖人」として受け入れる、という物語の構図になっている。ただ、こうした構図は多くはなく、多数を占めるものは、次のように『荘子』の思想を自ら語る孔子の物語なのである。

春秋末期の楚の王族である葉公子高《しょうこうしこう》に、斉への使者としての心得を語る中で、孔子は次のように述べている。

この世には慎重を期すべきことが二つあります。一つは必然の命で、一つは当為の義です。子として親を愛するのは命で、心から除き去ることはできません。臣下として君主に仕えるのは義で、どこに行っても君主は存在します。天地の間に生きている限り、この二つから逃げられません。したがって、親に仕える者が、親がどんな境遇でも喜んで言いつけを守るのは、最上の孝でしょう。君主に仕える者が、君主がどんな任務を命じても喜んで命令に服するのは、最上の忠でしょう。

しかし、これらよりもさらに優れているのは、自ら己の心に仕える者の場合です。かれは親子関係・君臣関係の中に身を置きつつ、喜怒哀楽の感情を次から次へと変えることなく、命と義が人間の力ではどうすることもできないものだと心得て、心安らかにそれらに従います。これこそ最上の徳でしょう。もともと臣下や子には、嫌でもやらざるをえないことがあるのです。あなたは、事柄の実際に打ちこみ我が身を忘れることです。生を喜んだり死を嫌ったりしている暇《いとま》などないはずです。……

さらに言えば、世間のあらゆる事物の上に立ち、心を伸びやかに解き放って、やむをえぬ必然に身を委《ゆだ》ねつつ、ひたすら内面の心を豊かにしていく。こういう生き方こそが最上です。何もことさらに細工をして、斉の君主への言葉を飾り立てることはありません。王のご命令をそのまま取り次ぐのが一番です。しかし、実はこれが難しいことなのですがね。

『荘子』内篇 人間世《じんかんせい》

孔子は、最初の段落で、子として親を愛するのを必然の「命」、臣下として君主に仕えるのは当為の「義」としている。これは『論語』微子《びし》篇にもあり、儒家として基本的な主張である。ところが、第二段落では、自ら己の心に仕えることの方がそれよりも優れており「徳の至り」である、と孔子は述べさせられる。これは、『荘子』内篇 徳充符《とくじゅうふ》に見える『荘子』の主張である。ここでは孔子は、第一段落で「最上の孝」「最上の忠」としたことよりも、命と義が人間の力ではどうすることもできないものだと心得て、心安らかにそれらに従うことを「徳の至り」とする『荘子』の主張の代弁者とされているのである。

第三段落では、世間のあらゆる事物の上に立ち、心を伸びやかに解き放って、必然に身を委ねつつ、内面の心を豊かにする。そうした『荘子』の主張する生き方を孔子は「至れり」と評価して、この孔子物語は終わる。

転向する孔子

このように『荘子』に収録される孔子物語は、孔子が『荘子』思想の代弁者として、儒教思想よりも上にあるものとして『荘子』の主張を宣揚する。孔子の主張を批判するだけでは、単なる他派からの攻撃となり、儒家の受ける打撃は大きくない。『荘子』は、孔子の口を借りて、儒家思想を肯定した後に、さらなる上の境地として『荘子』の主張を述べさせることで、儒家に対して有効な批判、そして自家の宣伝をしている。荘周よりも多くの孔子物語を『荘子』が掲載しているのは、儒家の思想が周知のものとなり、優勢であった戦国後期以降の社会状況に適応した書物の作り方であると言えよう。

『荘子』は、さらに儒家の道家への転向を狙う。そのために、孔子が老聃に指し示されて道家へと転向する物語を次のように描いている。

孔子はあるとき老聃に、「わたしはこれまで、『詩』『書』『礼』『楽』『易』『春秋』の六種の経典を修め、久しく学んで内容も熟知しています。ところが、これを政治に生かそうと七十二人の君主にお目通りして、古《いにしえ》の聖王の道を論じ、周公旦《しゅうこうたん》と召公奭《しょうこうせき》の治績を説明しましたが、一人として取り上げようという君主がおりません。難しいのですね、人を説得することや、道を説明することは」と言った。

老聃はこれに答えて、「幸いだったな。きみの道で世の中を治めようと思う君主に巡り会わなかったのは。六種の経典は、先王が残した古くさい足跡に過ぎず、足跡と先王の生き方や抱いていた道とは違うものだ。今きみが口にしていることも、足跡に過ぎない。そもそも足跡は、靴で付けるもので、靴そのものとは違う。白鶂《はくげき》という鳥は、雌雄が視《み》つめあい、じっと瞳をこらしている内に、やがて感じあって身ごもる。また、虫の類は、雄が風上で鳴き始めると、雌が風下で鳴き交わして、やがて新たな生命を宿す。どんな種類の生き物も、自分たちの力で雌雄の交わりを営み、感じあって身ごもる。このように、物の生まれついた本性は取り換えられず、与えられた天命は改められない。移りゆく時の流れは引き止められず、万物の中に貫通する道は壅《ふさ》ぎ止められない。これが真理である。この道を捉えておけば、どんな場合でも万事うまく運ぶが、この道に背くと、する事なす事一つとしてうまく行かない」と言った。

孔子は、それ以来三ヵ月間、家に引きこもって思索に耽《ふけ》った。そして、再び老聃を訪ねると、「わたしは道を捉えました。烏鵲などの鳥類は卵を温めて雛を生み、魚の類は沫状《あわじょう》の精子をかけて卵を孵《かえ》し、蜂の類は青虫を取って我が子とし、人間は幼い子を可愛がるので、弟が生まれると兄が泣くのですね。思えばまことに永い間のことでした、わたしが万物の自律的な変化を友とする、真の生き方に背いていたのは。万物の自律的な変化を友とすることなしに、どうして人々を教化できましょう」と言った。老子は、「それでよい。丘（孔子の名）よ、ついに道を捉えたな」と言った。

『荘子』外篇 天運《てんうん》

孔子は、第一段落で、『詩』『書』『礼』『楽』『易』『春秋』の六経を修め、七十二人の君主に古の聖王の道を論じたが、誰一人自分を用いなかった、と老耼に相談する。老耼は、六経など古の聖王たちが残した古くさい足跡に過ぎず、聖王たちの生き方やかれらが抱いていた道とは違う、と一蹴する。六経の否定は『荘子』外篇 天道《てんどう》に、同様の主張があり、この物語で老耼が語るのは『荘子』の主張である。そして、老耼は第二段落では、物の生まれついた本性は取り換えられず、与えられた天命は改められず、移りゆく時の流れは引き止められず、万物の中に貫通する道は塞ぎ止められないのが真実であると述べる。これも『荘子』外篇 達生《たっせい》に見える『荘子』の主張である。そして、第三段落では、老耼の教えを受けた孔子は、三ヵ月間も外に出ず思索を深め、万物の自律的な変化を友とせずに人々を教化できないと述べて、老耼の説く『荘子』の道を得たことを伝える。

この物語において、孔子は六経に基づく政治を実現するために、君主に遊説して歩く儒者から、経典を学ぶ意義を老聃に否定され、「道」と仲間になる『荘子』学派に転向させられているのである。

このように『荘子』は、孔子の口を借りて、儒者に対して、儒家を捨て『荘子』学派に転向することを促している。こうした『荘子』の主張を放置していれば、孔子が『荘子』の主張の代弁者となろう。また、秦の統一に力があった法家もまた、儒家に対する攻撃を加え、その有様は、焚書坑儒《ふんしょこうじゅ》として今日に伝えられている。司馬遷が描いた『史記』の孔子像は、こうした他派からの物語による攻撃への反攻であった。それでは、法家による儒家への攻撃はどのようなものであったのであろうか。また、『史記』より前の儒家は、これにどのように対処したのであろうか。

第四章　物語による経書解釈

1　韓非と『韓非子』

矛盾

戦国時代の末期を生きた韓非《かんぴ》（韓非子。前二八〇?～前二三三年）は、韓の公子《こうし》（嫡子ではない王子）である。しかし、「戦国の七雄」の中で最弱の韓の強大化を目指す韓非の思想は、韓王には受け入れられなかった。一方で、韓非の思想に感銘を受けた秦王《しんおう》の政《せい》（のちの始皇帝。在位前二二一～前二一〇年）は、勢力を拡大して韓を滅ぼそうとする。韓の使者として政を止めようとした韓非は、説得に失敗して牢獄で殺された。それでも、韓非の思想は、中国を最初に統一した秦の中心思想として、今も続く中国の中央集権的な国家体制の根幹を支えている。

『韓非子』は、全五十五篇からなるが、韓非の自著がすべてではない。韓非の自著に近いとされるのは、孤憤《こふん》篇第十一、説《ぜい》難《なん》篇第十二、和氏《かし》篇第十三、五《ご》蠹《と》篇第四十九、顕学《けんがく》篇第五十である。秦王政は、孤憤篇・五蠹篇に感銘を受けたという。これらの中で、韓非は、臣下を統御する「術《じゅつ》」、賞罰の基準である「法《ほう》」、権力の淵源となる「勢《せい》」の三つを申不害《しんふがい》・商鞅《しょうおう》・慎到《しんとう》か

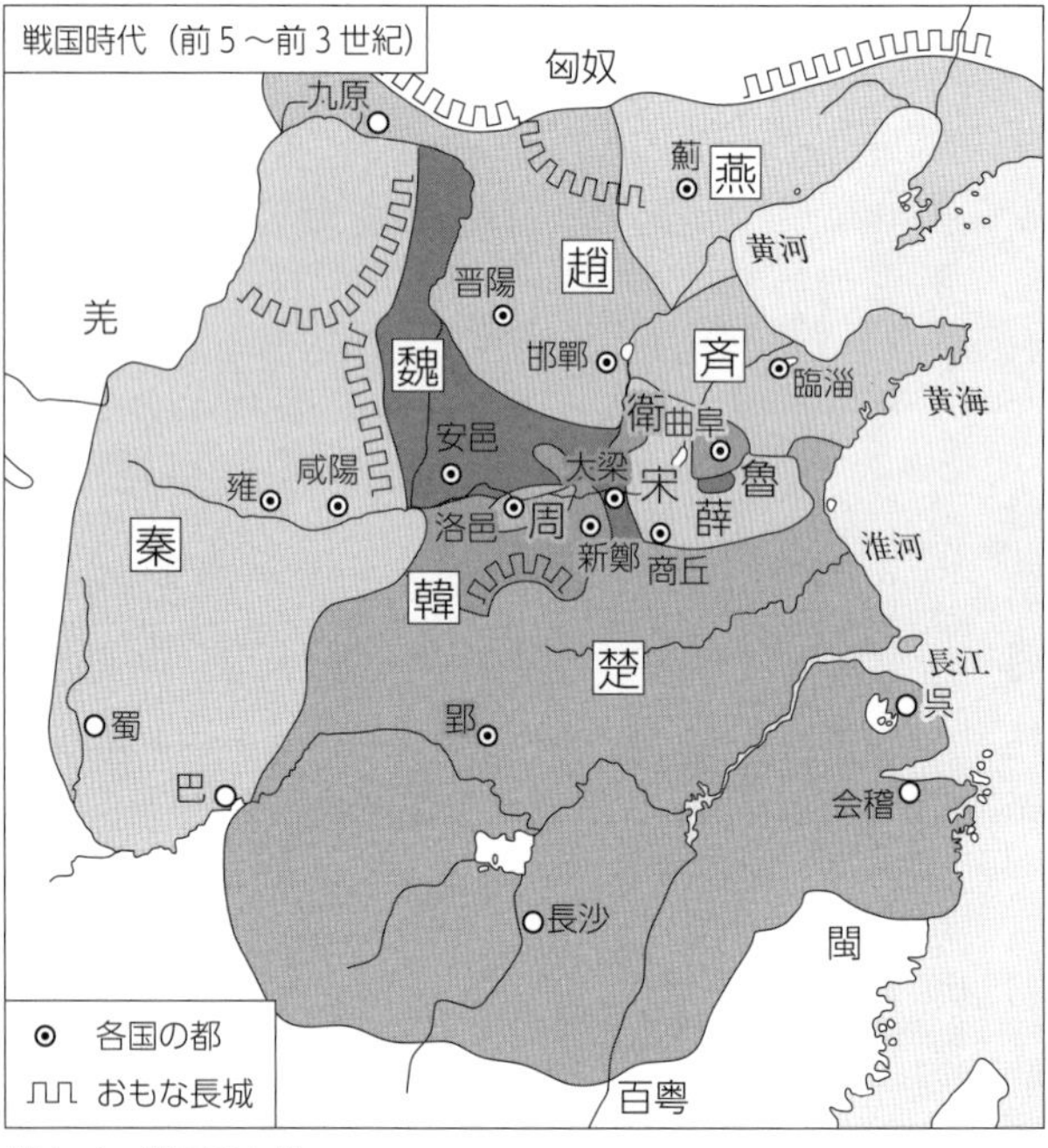

図４－１　戦国の七雄

ら継承し発展させ、それらを組み合わせて法家思想を集大成した。

『韓非子』は、自らの主張を説得的にするために、多くの物語を用いている。説林《ぜいりん》篇上・下、内儲説《ないちょせつ》篇上・下、外儲説《がいちょせつ》篇左上〜右下、難《なん》篇一〜四、十過《じっか》篇、喩老《ゆろう》篇など物語を主とする長篇もあり、その占める割合は、『韓非子』の約半分にも及ぶ。このように物語を多く用いる理由は、『韓非子』が諸子百家《しょしひゃっか》の活躍した時代の最末期に成立したことに求められる。既存の諸学派に対抗しながら、君主に自説を認められるには、人の心を打つ、斬新で説得的な主張を必要とする。本来、そうした内容を持つ物語は、縦横家《しょうおう》に代表される説客《せっかく》が用いるものであったが、韓非の個性と相俟《ま》って、それが読み物として描かれたと考えてよい。韓非は吃音《きつおん》だったので、自らの主張を説得的に話すことができなかった。そのため、自らの思いを物語によって表現しようとしたのである。比喩的な寓言《ぐうげん》や、歴史を背景とする物語は、韓非の主張に強い説得力を与えている。

それでは、『韓非子』の物語の中で、最も有名な「矛盾」を取り上げよう。

楚の人で楯《たて》と矛《ほこ》を売る者があった。楯を自慢して、「わが楯の堅固なことは、どんなものでも突き抜けない」と言った。また、矛を自慢して、「わが矛の鋭いことは、どんなものでも突き抜ける」と言った。ある人が、「ではお前の矛でお前の楯を突いたらどうなるのか」と尋ねた。楚の人は答えられなかった。

『韓非子』難一篇

この物語は、引用部分で終わりではなく、前後がある。この話の前に、『韓非子』は、儒家が聖人と尊ぶ尭《ぎょう》と舜《しゅん》の物語を掲げる。舜が天子になると、その徳により農業をする者は一年で田の境を争わなくなり、漁業をする者は一年で漁場を争わなくなって、これを後世に孔子が称《たた》えた、という物語である。そこで『韓非子』は、農民や漁民が争っていたという舜の前の天子は誰か、と問う。それは、儒家の聖人である尭である。天下が舜を待って治まったのであれば、尭は天下をよく治めていないことになる。逆に、尭が天下をよく治めていれば、舜が農民や漁民を教化する必要はない。すなわち、尭と舜は、聖人として並び立たない矛盾した存在である、という主張に説得力を持たせるため「矛盾」の物語を使っているのである。尭や舜の政治の具体的なあり方をぐずぐずと説明しても、読者はいま一つ『韓非子』の主張を理解できないであろう。そこで、「矛」と「楯」を売る者の物語を入れて、儒家の矛盾を明確にしたのである。

『韓非子』は、続けて次のように述べている。

そもそも突き抜けない楯と、何でも突き抜く矛とは、同じ世ではあり得ない。いま尭と舜を同時に褒められないのは、矛と楯の話と同じである。それに、舜が悪いところを改めたといっても、一年でやっと一回、三年でようやく三回である。舜は何人もおらず、その寿命には限りがある。天下の悪は已《や》むことがない。限りあるもので、已むことのないものを追っても、禁止できる悪は数が知れている。これに対して、賞罰は、天下が必ず言うことを聞くようにさせられる。①法令を出して、「物事の基準に当たる者は賞し、当たらない者は誅す」と言えば、法令が朝に届けば暮には改まり、暮に届けば朝には改まる。十日たてば天下のすべてが改まろう。一年も掛かることはない。それなのに舜は、これを尭に勧めて、民が尭に従うようにせず、自分でこつこつ働いた。何と②術のないことか。そもそも体を使って苦労して、初めて民を感化できるというのでは、尭・舜であっても難しい。③権勢の位にあり、下々にお触れを出すのは、凡庸の君主でも簡単にできる。天下を治めようというのに、凡庸な君主にも易しいことを捨て、尭・舜でも難しいことに依拠するのでは、共に政治を語れない。

『韓非子』難一篇

「矛盾」の物語を使って、尭と舜を同時に褒める儒家の矛盾を指摘した『韓非子』は、その後に法家の優位性を主張する。すなわち、舜が一年に一回しかできない教化に対して、法家は①「法」令に賞罰を示すことで十日で実現できる、とするのである。それを君主の②「術」として用いない儒家とは、共に政治を語ることなどできない。③権「勢」を利用すれば、凡庸な君主であっても天下を治めることができるからである。

このように『韓非子』は、矛盾の物語の後で、自らの尊重する「法」と「術」と「勢」の優位性を主張する。矛盾の物語があるからこそ、『韓非子』の主張に説得力が生まれるのである。

法と術

韓非は、君主の権力を絶対的にするためには、君主が臣下に対して、臣下が言ったことを実現したことと比較する「形名参同《けいめいさんどう》」をして、法による信賞必罰の「柄《へい》」（権限）を掌握することが必要であるとする。興味深いのは、言ったことよりも大きな功績を挙げても、また罰することであろう。『韓非子』二柄《にへい》篇は、「侵官の害」という物語により、これを具体的に次のように説明している。

むかし韓《かん》の昭侯《しょうこう》が酔ってうたた寝をした。典冠《てんかん》（冠を管理する官）は、君主が寒そうなのを見て、衣服を君主の上にかけた。（昭侯は）眠りから覚め（衣がかけてあったことに）喜び、側近の者に尋ねた。「誰が衣をかけたのか」。側近は、「典冠です」と答えた。君主はこれにより典衣《てんい》（衣を管理する官職）と典冠を共に罰した。典衣を罰したのは、職責を全うしていないためである。典冠を罰したのは、官職の役割を越えたためである。寒さを苦手としないわけではない。（他人の）職務を侵すことの弊害は寒さよりも重たいのである。明君が臣下を養うには、臣下は官職を越えて功績を挙げることはできず、言葉を述べてそれを実行しないことは許されない。

『韓非子』二柄篇

典衣が罰せられるのは、当然であろう。自分の仕事を怠《おこた》ったためである。『韓非子』の思想が明確に現れるのは、自分の仕事の範囲を越えて「侵官」をした典官も罰せられることである。臣下は、君主の定めた基準に従って君主に仕えなければならない。このために君主が定める基準、すなわち「法」が必要となる。

韓非が統治に法を用いる「法術の士」を登用し、「形名参同」を用いて、臣下が法により実効性のある統治をしているか否かを確認すれば、国家は強大化していく、と主張するのはこのためである。法は、人の智能が及び得ないことを決定する準則となるものなので、君主は自分の智能に頼るよりも法に頼ればよい、という。それほどまでに法が万能であるのかは議論の余地があるだろうが、『韓非子』に代表される法家は、法をそのように位置づけることにより、凡庸な君主であっても、マニュアルに従って一定程度の統治が可能になると考えるのである。

したがって、圧倒的に優秀な君主、カリスマが現れて、その時代の社会のあり方に応じた法を新しく定める、という状況が出現しない限り、法は現状を維持するべきで、みだりに変更するものではない。このことについて、『韓非子』は次のような物語で説明している。

職人が、たびたび仕事を変えれば、効果は挙がらない。賦役《ふえき》（肉体労働）に出た者が、しばしば場所を変えれば、作業は捗《はかど》らない。一人の賦役について、一日のうち半日を損したとすれば、十日で五人ぶんの作業量を損することになる。一万人の賦役で、一日のうち半日を損したとすれば、十日では五万人ぶんの作業量を損することになる。こうしてみると、たびたび仕事を変える者の数が増えれば増えるだけ、損失は大きくなる。

およそ法令が変われば、利害も変わる。利害が変われば、民草の義務も変わる。義務が変わるのは、職人の仕事を変えることと同じである。このため理のうえから見ると、多くの人々を対象としながら、たびたびこれを動揺させれば、成功することはない。大きな器を秘蔵しながら、これをたびたび移動させれば、傷を付けやすい。小魚を煮ながら、たびたび箸で突《つ》つけば、色や光沢を台無しにする。大きな国を治めながら、たびたび法令を変えれば、民草は苦労する。そこで「道《みち》」を心得た君主は、静《せい》を尊重して、法令を変えることを遠慮する。そこで老子は、「大国を治めるには、小魚を烹《に》るようにせよ」と言っているのである。

『韓非子』解老篇《かいろう》

『韓非子』は、法を維持すべきことを職人の作業の物語で譬《たと》えると共に、大国を統治するのに法令を変えることを小魚を煮ることに譬える。これは引用している『老子』第六十章で言われる譬えで、『老子』の無為《むい》の政治思想を代表する表現の一つである。『韓非子』は、解老篇と喩老篇《ゆろう》という『老子』を解説する二篇を持つが、物語で『老子』を説明する喩老篇に対して、解老篇は、自らの主張があり、それに合わせて最後に『老子』をその正しさを証明するために引用する、という形を取る。解老篇は、韓非の死後、秦から前漢にかけて、老子と黄帝《こうてい》を尊重する「黄《こう》老《ろう》思想」が国家に重要視される中で、編纂された篇と考えてよいであろう。

臣下を「術」により「法」に照らして用いるためには、君主が無制限な力を持ち、法より上にある存在でなければならない。このため『韓非子』は、君主を万物の始めで是非の本《もと》である「道《みち》」を体現する者と捉え、君主自らが「静《せい》」であり虚であることで、臣下の実態を把握し、「形名参同」により信賞必罰をすべきことを主張するのである。

儒家批判

『韓非子』は、『老子』を自らの哲学的な背景に置く一方で、韓非の自著と考えられる五蠹《ごと》篇などでも、厳しく儒家《じゅか》と墨家《ぼっか》を批判する。五蠹篇は、儒家が「古《いにしえ》」を尊重することを次のような寓《ぐう》話《わ》で批判している。

上古の世では、人間が少なく鳥獣が多かった。人間は、鳥獣・虫蛇《ちゅうだ》には勝てない。そこに聖人が現れ、木を組んで巣を作り、様々な害を避ける術を教えた。人々は喜んで、これを天下の王にした。その名を有巣《ゆうそう》氏という。人間は、草木の実、蚌蛤《ほうこう》を食べていた。腥《なまぐさ》く悪臭があり、胃腸を傷めてよく病気になった。そこに聖人が現れ、木をすり合わせて火をおこし、それで腥《なまぐさ》ものを調理する術を教えた。人々は喜んで、これを天下の王にした。その名を燧人《すいじん》氏という。中古の世には、天下に大洪水があり、鯀《こん》（禹の父）と禹《う》（夏《か》の初代の王）が川の堤を切り海に流した。近古の世には、桀《けつ》・紂《ちゅう》が暴虐で、殷《いん》の湯王《とうおう》・周《しゅう》の武王《ぶおう》が征伐した。今もし夏后《かこう》氏の世（夏王朝）に、巣を組み、木をすり合わせて火をおこす人があれば、必ず鯀・禹に笑われよう。殷・周の世に、川の堤を切る人があれば、必ず湯王・武王に笑われよう。こうしてみると今の世で、尭・舜・湯・武・禹の道を褒め称《たた》える人（儒家や墨家）がいれば、必ず新しい聖人に笑われよう。このように聖人という者は、必ずしも古《いにしえ》に従わず、常《じょう》（不変な道）に法《のっと》ることはない。当世のことを論じて、それに備えるのである。

宋《そう》（殷の後裔の国）の人が田を耕していた。田の中に切り株がある。そこへ走って来た兎《うさぎ》が、切り株にぶつかり、頸《くび》を折って死んだ。その人はそこで鍬《くわ》を捨て、切り株の番をして、また兎がぶつかるのを待っていた。しかし、兎はもう手に入らず、その人は国中の笑いものになった。いま先王の政治により、当世の民を治めようとするのは、すべて守株《しゅしゅ》（切り株の番をする）の類《たぐ》いである。

『韓非子』五蠹篇

北原白秋《はくしゅう》が詩を作り、山田耕筰《こうさく》が曲を書いた唱歌の「待ちぼうけ」で有名な「守株待兎《しゅしゅたいと》（株を守りて兎を待つ）」の故事である。日本では、楽をして金儲《もう》けをしようと思うな、という教訓に用いるために、最後の一文を除いて流布された。しかし、韓非の言いたいことは、「先王の政治」によって、「当世の民」を治めるという、儒家による時代錯誤《さくご》の主張への批判である。自らの主張に物語で説得力を増すという韓非の方法は、韓非に批判された儒家も取り入れていく。この結果、法家と儒家との間で物語の取り合いが起こる。

2　物語の奪い合い

正直者と君主

法家と儒家との違いは、直躬《ちょくきゅう》（正直者）という概念に明確に現れる。『韓非子』が批判の対象とした『論語』から先に掲げよう。

葉《しょうこう》公が孔子に語って、「わたしの郷党《きょうとう》に直躬《ちょくきゅう》（身を正して行動する者）がいる。その父は（理由があって）羊を盗んだが、子はこれを証言した」と言った。孔子は、「わたしの郷党の正直《せいちょく》な者はそれと異なります。父は子のために（かばい立てして）隠し、子は父のために隠します。正直さはその中にあります」と言った。

『論語』子路篇

たとえ親であり、理由があってしたことでも、父の犯罪を証言する子を葉公は「直躬」である、と孔子に伝える。これに対して、孔子は、父は子のために隠し、子は父のために隠すことこそ、人としての自然の感情であり、人として「正直」である、と主張する。葉公が社会秩序として犯罪を罰する立場から「正直」を論ずることに対し、孔子は人の本来的な心のあり方として「正直」を論じており、議論がかみ合っていないようにも見える。このため、北宋《ほくそう》（九六〇～一一二七年）の邢昺《けいへい》は、『論語注疏《ちゅうそ》』の中で、「子が過ちを犯し、父がそれを隠すことを慈とし、父が過ちを犯し、子がそれを隠すことを孝とする。慈孝は忠であり、忠であれば、すなわち直であるため、「正直さはその中にある」と言っている」と解釈している。儒教経典《けいてん》の『孝経《こうきょう》』などにより示される儒教の倫理観では、忠と孝は一体であるとされるので、それを用いて社会秩序と人間のあり方とを結びつけようとしているのである。

これに対して、『韓非子』は、次のように批判する。

楚に直躬という人がいた。自分の父が羊を盗んだので、役人に告げた。令尹《れいいん》（宰相）は、「直躬を死罪にせよ」と言った。君に対しては正直であるが、父に乱暴なためである。裁決してこれを罪に処した。こうしたことから考えてみると、君にとって正直な臣は、父にとって乱暴な子ということになる。魯《ろ》の人が君に従って戦い、三度戦って三度とも逃亡した。孔子がそのわけを聞くと、「わたしには年老いた父がおり、わたしが死ねば、養う者がおりません」と答えた。孔子は孝であるとして、取り立てて高位につけた。こうしたことから考えてみると、父にとっての孝子は、君にとっての叛臣である。このため楚では、令尹が直躬を罰したために、隠れた犯罪をお上に届ける者がなくなり、魯では、孔子が逃亡兵を賞したために、魯の民は敵に簡単に降参し逃亡するようになった。上下の利害は、このように異なっている。それなのに君主が、匹夫の道徳のみを取り立てて、国家の福利を招こうとしても、決して望むことはできない。

『韓非子』五蠹篇

国や君主ために命を落として忠を尽くせば、親を養う孝を全うすることはできない。君主に対する忠と親に対する孝のどちらを優先すべきかについては、儒教が国教となった後漢《ごかん》以降においても、忠孝先後論争がしばしば行われた。親への孝を尊重する儒教では、忠が優先と割り切れなかったのである。

これに対して、韓非は、忠が優先である、と明確に主張する。その物語を述べる前に、『韓非子』は、儒者と侠者《きょうしゃ》（具体的には墨家）を次のように批判している。

儒者は文（学問）によって法を乱し、侠者は武によって禁を犯す。それなのに君主は、儒者と侠者の両方を礼遇する。これは国の乱れるもとである。本来、法に背く者は罰せられるべきなのに、儒者は文の名により取り立てられる。禁を犯す者は罰せられるべきなのに、侠者は私的な武力として養われる。そこでは、法の非難するものが、君の取り立てるものになり、臣下の罰するものが、お上の養うものとなっている。法の非難するもの、君の取り立てるもの、お上の養うもの、臣下の罰するもの、この四つが互いに矛盾しあって、定まるところがない。これでは黄帝《こうてい》が十人いても治められない。ゆえに仁義《じんぎ》を行う者（儒者）は褒めるべきでない。これを褒めれば実績を害する。文学（古典の学問）を習う者（儒者）は用いるべきでない。これを用いれば法律を乱す。

『韓非子』五蠹篇

このように述べた後で、韓非は、直躬を罰した楚と、親のために逃亡した者を取り立てた魯は、共に衰退したと主張しているのである。それでは、韓非は、どのような政治をすべきと考えるのであろうか。五蠹篇は、次のように主張している。

賞は厚く信頼でき、民がこれを利とすることがよい。罰は重く必ず行い、民がこれを恐れるものがよい。法は一律に適用され、民がこれを理解できるのがよい。そうすれば君主は、賞を与えるのに時を移さず、罰を行うのに目こぼしがない。世の名誉が賞の効果を助け、世の非難が罰に追い討ちをかける。こうなればすぐれた人も劣った者も、共に力を尽くすであろう。

『韓非子』五蠹篇

賞がたとえ敵であっても功績を挙げれば必ず与えられるような信頼を持ち、罰がたとえ一族や友人であっても罪を犯せば必ず行われる「信賞必罰」の政治である。そこには、功績や犯罪の基準としての「法」が存在し、それが一律に適用され、民にも理解されることが前提となる。法に基づく信賞必罰、これこそ儒家と墨家を批判したうえで、韓非が五蠹篇で主張することなのである。

『韓非子』の孔子像

『韓非子』は、君主が用いる「七術」に加えて、君主が臣下の側について洞察《どうさつ》する「六微《りくび》」を示し、君主が臣下に権力を奪われないための「術」を説いている。「六微」の微とは、臣下の側に隠された機微《きび》という意味である。君主は、それを洞察して臣下を操縦しなければならない。『韓非子』において、君主と臣下の利害は相反すると考えられており、内儲説篇下《ないちょせつ》では、最初に四字熟語で「六微」を定義し、そのあとで物語により説明する。『韓非子』の版本の中には、儒教経典の「経」（聖人の言葉、本文）と「伝」（経の解釈）に合わせて、前者の概念規定を「経」、後者の物語を「伝」と分けているものもある。ここでは、「経」にあたる概念規定から掲げていく。権借《けんしゃ》・利異・似類《じるい》・有反《ゆうはん》・参疑・廃置という「六微」の一つである「廃置」について、『韓非子』は次のように説明している。

（廃置について）敵国が力を入れることは、わが君主の明察《めいさつ》を乱して、奢侈《しゃし》の風を作り上げることである。君主がそれを見抜かなければ、敵国は、わが宰相や将軍を辞めさせたり立てたりする。

『韓非子』内儲説篇下

こう定義をしたうえで、『韓非子』は、「廃置」を説得的に説明するために具体的な事例として、次のような物語を提示する。

孔子が魯で政治を行った。そのため道に落ちている物があっても拾わないほど、よく治まった。斉の景公は（隣国の魯が治まっているのを）心配した。黎且《れいしょ》は景公に、「孔子を（魯から）去らせることなど、毛を吹くように簡単です。わが君は、孔子を重い禄と高い位で迎える一方で、（魯の）哀公《あいこう》に女の楽人を贈って、その心をとろかせばよいのです。哀公は女の楽人を楽しみ、必ずや政治を怠《おこた》りましょう。孔子は、きっと諫めます。諫めれば、あっさり魯と縁が切れるでしょう」と言った。景公は、「わかった」と言い、黎且に命じて十六人の女の楽人を魯の哀公に贈らせた。哀公はこれを楽しみ、果たして政治を怠った。孔子は諫めたが、聴き入れられなかった。（孔子は魯を）立ち去って、楚に行った。

『韓非子』内儲説篇下

これは、『論語』微子《びし》篇に、「斉《せい》の人が女の楽人を贈った。季桓子《きかんし》はこれを受け取らせ、三日も朝礼を取りやめた。孔子は（魯を）去った」とある話を踏まえたものである。儒家の祖である孔子など、『韓非子』の謀略があれば、簡単に国政の場から追い払える。『韓非子』の現実的な有用性をここに見ることができよう。

このように『韓非子』は、『論語』に記された孔子の物語を踏まえたうえで、法家の優位性を説く物語を仕立てている。儒家は、これに無抵抗であったのであろうか。

厳と猛

『韓非子』の内儲《ないちょ》説篇上は、「六微」の前に参観《さんかん》・必罰《ひつばつ》・賞誉《しょうよ》・一聴《いっちょう》・詭使《きし》・挟智《きょうち》・倒言《とうげん》という「七術」を説明している。「七術」の第二の「必罰」について、『韓非子』は、次のように定義する。

（必罰について）慈愛の多い場合には、法令が行われない。威厳が少ない場合には、下が上を侵す。そのため、刑罰を必ず行わなければ、禁令を出しても行われない。

『韓非子』内儲説篇上

そして、『韓非子』は、次のような物語で「必罰」を説明している。

子産《しさん》は鄭《てい》の宰相である。病んで死のうとするとき遊吉《ゆうきつ》に、「わたしが死んだあと、きみが鄭を取り仕切るであろう。必ず厳しさにより人々に臨むように。そもそも火はその姿が厳しいので、人はめったに焼け死なない。水は、その姿が弱々しいので、人はよく溺《おぼ》れ死ぬ。きみは必ずその姿を厳しくして、人々がきみの弱さに溺れ死なないようにせよ」と言った。子産が死ぬと、遊吉は態度を厳しくしなかった。鄭の若者は連れ立って盗賊となり、葦《あし》の茂った沢に隠れ住み、鄭の禍いとなろうとしていた。遊吉は、車騎を率いてこれと戦い、一日一夜でようやく勝つことができた。遊吉は、歎息して、「わたしが早くから子産の教えを行っていれば、これほどの悔いは残さなかったであろうに」と言った。

『韓非子』内儲説篇上

人は厳しいものには警戒する。このため子産は、遊吉に態度を厳しく、すなわち罰を与える場合には必ず罰するように遺言したのである。ところが、遊吉はそれに従わず、威厳を増さなかったため、刑罰がうまく機能せず、若者が盗賊に身を投じ、武力鎮圧にまで発展した。有為の若者を殺さざるを得なかった遊吉は、これをたいへん後悔した、という物語である。「必罰」に「威厳」が必要なことをよく伝える物語である。

秦で国家の中心に置かれた法家思想は、漢代には儒教に取り込まれてその一部となり、儒教が優勢になる。それと同じように、この物語は、儒教経典《けいてん》に取り込まれる。『春秋左《しゅんじゅうさ》

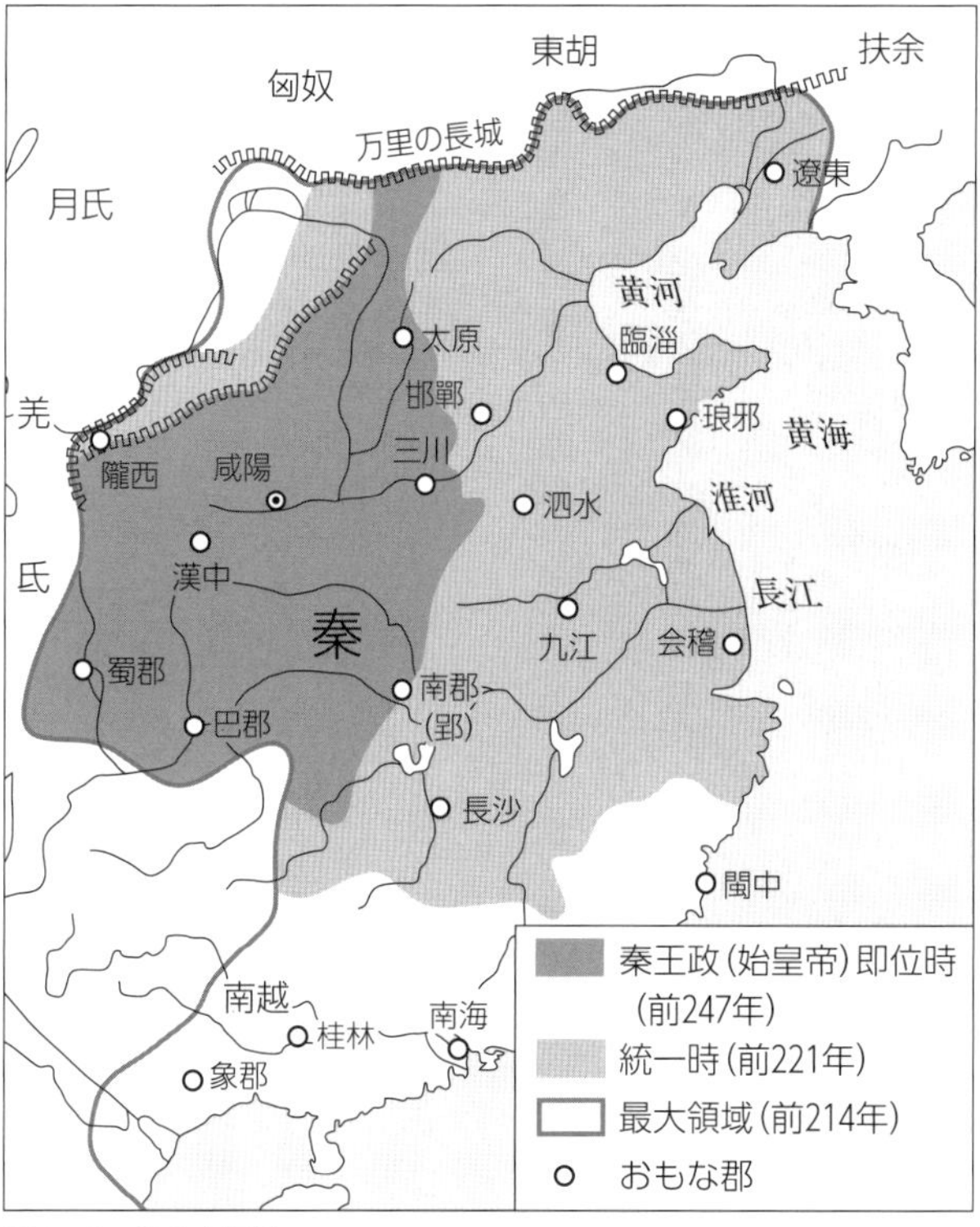

図4-2　秦の中国統一

氏伝《しでん》』では、子産の遺言は、次のように書き換えられている。

わたしが死ねば、きみが必ず政治を執るであろう。ただ有徳者だけが、寛《かん》によって民を服従させられる。その次は、猛《もう》ほどよいものはない。そもそも火は烈《はげ》しい。民は遠くから望み見て火を恐れる。このため火に死ぬ者は少ない。水は懦弱《だじゃく》である。民は馴《な》れ馴れしくこれを弄《もてあそ》ぶ。そのため水に死ぬ者は多いのである。このように（きみには）「寛」は難しい。

『春秋左氏伝』昭公伝二十年

このように「寛」の難しさを聞きながらも、子産の後継者は結局、「猛」政を行えず、子産の遺言に背き、鄭《てい》は乱れる。物語の結末は同じだが、物語で説明される主張は、明確に異なる。『春秋左氏伝』は、この物語の後に、次のような孔子の言葉を加えている。

（子産の言葉は）素晴らしい。政治が寛であれば民は慢《あなど》る。慢れば民を糾《ただ》すために猛を用いる。猛であれば民は損《そこ》なわれる。損なわれれば民に施《ほどこ》すに寛を用いる。寛により猛を済《すく》い、猛により寛を済えば、政治はこれによって和す。

『春秋左氏伝』昭公伝二十年

この「寛猛相済《かんもうそうさい》」は、『韓非子』の物語を換骨奪胎《かんこつだったい》して『春秋左氏伝』に収録された子産の言葉より生まれたが、孔子が高く評価することで、後世に大きな影響を与える。たとえば、後漢「儒教国家」では、『春秋左氏伝』のこの部分を典拠とする詔《みことのり》が出され、ゆるやな統治である「寛」治が推進される。そして、後漢末に「寛」治が緩むと、曹操《そうそう》や諸葛亮《しょかつりょう》（諸葛孔明《こうめい》）は「猛」政により政治の建て直しを図っていく。

　このように『韓非子』の物語は、韓非の思想を具体的に語るだけではなく、他の思想にまで影響を与えているである。もちろん、『春秋左氏伝』の物語の方が先に存在した可能性は、ゼロではない。ただ、この事例の他にも、儒家は、法家の物語を自らの薬籠《やくろう》中のものにしていく。威厳の重要性を説く『韓非子』の子産と遊吉の物語は、社会情勢に応じて「寛」と「猛」を切り換えながら用いるべきとする儒教の主張を説明する物語へと換骨奪胎《かんこつだったい》されていくのである。そこには、儒家の努力があった。『春秋左氏伝』については、後に扱うので、ここでは韓嬰《かんえい》が著した『韓詩外伝』をみていこう。

3　韓嬰と『韓詩外伝』

『韓非子《かんぴし》』の思想を用いて始皇《しこう》帝が建国した秦《しん》は、わずか十五年で滅亡する。それでも、『韓非子』の尊重した黄老《こうろう》思想は、前漢《ぜんかん》初期の中心的な思想であった。そうしたなか、儒教は、経典《けいてん》を整備しながら、黄老思想に対抗していく。

『詩経』の解釈

儒教の経典の中で、古く難しい経典は、『尚書《しょうしょ》』と『詩経《しきょう》』が双璧となる。どちらが難しいのかは、人によって異なるが、聖人の言葉を記す『尚書』に対して、韻文《いんぶん》である『詩経』は、詩がどのような状況で、何を表現するのかを限定しなければ、読み方すら定まらない。このため、『詩経』には古くから解釈が伝承され、斉《せい》の轅固《えんこ》の「斉詩《せいし》」、魯《ろ》の申培《しんぱい》の「魯詩《ろし》」、燕《えん》の韓嬰《かんえい》の「韓詩《かんし》」という今文《きんぶん》「三家詩《さんかし》」にまとめられた。しかし、「三家詩」は、韓嬰が著した『韓詩外伝《かんしがい でん》』で「韓詩」の内容を確認できる以外は、断片的なものを除きすべて滅びた。魯の毛亨《もうきょう》・毛萇《もう ちょう》が伝えた古文の「毛詩《もうし》」に、後漢《ごかん》末の鄭玄《じょうげん》が「箋《せん》」（解釈、注と同じ）を付けた「毛伝鄭箋《もうでんていせん》」が、唐《とう》（六一八〜九〇七年）の「五経正義《ごきょうせいぎ》」に採用されたためである。それでも、『韓詩外伝』

が滅びなかったのは、物語による詩の解釈に、一定の支持があったことによる。

現行の『韓詩外伝』は、十巻本として伝わるが、引用される『詩経』は、巻一・二は国風《こくふう》（十五ヵ国の詩、百六十篇）、巻三は頌《しょう》（宗廟《そうびょう》での褒《ほ》め詩《うた》、四十篇）、巻四は小雅《しょうが》（政事・道徳の詩、七十四篇）巻五・六は大雅《たいが》（周の朝廷・宗廟の詩、三十一篇）、巻七は小雅、巻八は雅・頌、巻九は国風、巻十は大雅を中心としており、巻六までで国風・頌・小雅・大雅が一度完結している。また、『詩経』を引用しない章の数が巻六までは一章に過ぎないのに、巻七以降では二十四章に及ぶ。さらに、『韓詩外伝』は、『荀子《じゅんし》』の影響を受けており、全三百十二章のうち、五十五章に『荀子』が引用されるが、巻七以降は激減する。韓嬰の自著は、巻六までと考えてよい。

『荀子』には、「詩曰く」から始まる引用が約七十ヵ所あり、自らの主張を『詩経』により権威づけている。これに対して、『韓詩外伝』は、『詩経』に則して物語を選び、それを利用して『詩経』の解釈を示すことに特徴がある。その際、韓嬰は自らの解釈に主張を含ませることもあり、それらには二つの大きな特徴がみられる。第一は、韓嬰が生きた当時に優勢であった黄老《こうろう》・老荘《ろうそう》思想への対抗である。

『荘子』への批判

『韓詩外伝』は、冒頭の章において『荘子《そうじ》』の曾子《そうし》批判物語を改変する。『韓詩外伝』は、物語を利用しながら孔子に『荘子』の主張を話させる、『荘子』へ強い対抗意識を持っていた。『荘子』寓言《ぐうげん》篇の文章から掲げよう。

曾子は二度仕えて心が二度変化して、「吾《わたし》は親が存命中に仕えると、三釜《ふ》（の俸給）で心は楽しかった。（親の死去した）後に仕えると、三千鍾《しょう》（の俸給）であっても、吾が心は悲しんだ」と言った。弟子は仲尼《ちゅうじ》（孔子）に尋ねて、「参《しん》（曾子）のような者は、（利禄《りろく》に心が囚《とら》われる）罪に掛かっていないと言えましょうか」と言った。（孔子は）、「すでに罪に落ちている。（利禄に囚われ）罪に掛かっていなければ、悲しむことがあろうか。囚われていないものは、三釜でも三千鍾でも視ることが、雀《すずめ》や蚊《か》や虻《あぶ》が目の前を通り過ぎるのを見るようである」と言った。

『荘子』雑篇 寓言

親が在命のときには、「三釜」の薄給でも仕えることが楽しく、親の亡き後には「三千鍾」（三釜の一万倍）の厚給でも悲しいとする曾子の「孝」について、『荘子』は「孝」という観点ではなく、利禄に心が囚われる罪の有無という基準を掲げている。そして、孔子に『荘子』の思想的な立場から曾子を批判させ、曾子は利禄に囚われていると判定させる。こうした孔子の物語により、『荘子』は儒家を批判していた。

これに対して『韓詩外伝』は、次のように『荘子』の物語を改変する。

曾子《そうし》は莒《きょ》に仕え、粟《ぞく》三秉《へい》を得た。このときには、曾子はその禄を重視してその身を軽視した。親が没した後、斉《せい》は（曾子を）相《しょう》に迎え、楚《そ》は令尹《れいいん》に迎え、晉《しん》は上卿《じょうけい》に迎えようとした。このときには、曾子はその身を重視してその禄を軽視した。①その宝を懐《ふところ》に抱いてもその国を迷わせる者は、共に仁《じん》を語ることができない。その身を苦しめてもその親を倹約させる者は、共に孝《こう》を語ることができない。②任が重く道の遠い者は、地を選ばずに休む。家が貧しく親が老いている者は、官を択ばずに仕える。このため君子はつっかけを履いて駆けつけるときには、仕事について急な対応をする。伝《でん》に、「時に遭わないのに仕えるには、仕事を任されてよく考えて、そのために使われてもその謀《はかりごと》には入らない。（仕えているのは）貧しいことが理由だからである」とある。

『詩経《しきょう》』（召南《しょうなん》 小星《しょうせい》）は、「（小人は朝廷に）③早朝から夜まで仕えるが、まことに（小人の事情に応じて）命は同じではない」とある。

『韓詩外伝』巻一

『韓詩外伝』は、曾子が俸禄を重視するのは、親を養う必要があったときだけで、親の死後は自分の身を重視して俸禄を軽視したとする。『荘子』のすべてを否定せず、曾子の俸禄への態度が変わる原因である、親への孝の方が重要である、とするのである。曾子は、『荘子』の説くように利禄に囚われているのではなく、親へ孝を尽くすため、親が生きているときには、どんな仕事でもした、とするのである。そのうえで、①に『論語』陽貨《ようか》篇を引用して、身を苦しめても親を倹約させる者は、共に孝《こう》を語れないと説き、②に『論語』泰伯《たいはく》篇を引用し、家が貧しく親が老いている者は、官を択《えら》ばずに仕えると自らの主張を『論語』により補強する。そして、③（小人は朝廷に）早朝から夜まで仕えるが（小人の事情に応じて）命は同じではない、として『詩経』召南《しょうなん》 小星《しょうせい》を解釈するのである。

このように『韓詩外伝』は、『荘子』の物語を改変して、儒家の尊重する「孝」の体現者としての曾子の像を明確にすると共に、『詩経』を解釈した。『韓詩外伝』は、『詩経』の解釈書であると共に、当時優勢であった黄老《こうろう》・老荘《ろうそう》思想への対抗を執筆目的とする書なのであった。

反論の拠り所は『荀子』

『韓詩外伝』が『荘子』に対抗する事例をもう一つ掲げよう。『荘子』譲王《じょうおう》では、世に顕れて栄華を求める儒者の代表である子貢《しこう》が、同じく儒家でありながら隠逸《いんいつ》・守貧《しゅひん》の士である原憲《げんけん》に批判される物語を載せる。さらにそこに、曾子《そうし》が貧苦の中でも清節を保ったという物語を加えている。そして、これらの人々は、天子も臣下とできず諸侯も友にできないとしたうえで、志を養う者は身体の安楽を忘れ、身体を安らかに保つ者は物の利益を忘れ、道を究めた者は精神をも忘れる、と老荘の「道」を体現する重要性を孔子の弟子たちの物語により説いている。これでは孔門は、老荘思想を尊重する集団となる。

そこで『韓詩外伝』は、『荘子』の原憲と曾子の物語を原憲だけの物語に纏《まと》めたうえで、原憲のあり方を儒家思想から位置づけ直し、そして『詩経』を次のように解釈する。

原憲《げんけん》は魯《ろ》におり、一丈四方の室で、（屋根を）葺《ふ》くには荒草を用い、蓬《よもぎ》の粗末な戸で、桑を桷《たるき》にして枢《とぼそ》はなく、上は漏れ下は湿っていたが、正座して琴を奏《かな》で歌っていた。子貢《しこう》は肥《ひ》馬《ば》に乗り、軽い裘《かわごろも》の中に紺色の内衣で外側は白絹の（上等な）ものを着て、軒《くるま》が巷《ちまた》〔路地〕に入らないので、歩いていって原憲を見た。原憲は楮《こうぞ》の冠に藜《あかざ》の杖で門に応対し、冠を正すと纓《えい》が切れ、襟を振ると肘《ひじ》が見え、履《くつ》をはけば踵《かかと》が破れた。子貢は、「ああ、先生はどうして病《へい》なのか」と言った。原憲は仰ぎ見てこれに応じて、「憲《わたし》はこう聞いています、財がないことを貧といい、学んで行わないことを病というと。憲は貧ですが、病ではありません。もし世間に（名声を）得たいと望んで行動し、付和雷同して友となり、学は他人の（評価を得たい）ためにし、教は自分の利益のためにし、仁義を匿《かく》れみのにし、車馬を飾りたて、衣裘《いきゅう》（かわごろも）を華麗するのは、憲はなすに忍びありません」と言った。子貢は逡巡《しゅんじゅん》して、表情に恥じる色を浮かべ、挨拶《あいさつ》もせずに去った。

原憲はそこでおもむろに杖を曳《ひ》いて歩き、商頌《しょうしょう》を歌って帰った。声は天地に響きわたり、楽器が出した音のようであった。（原憲のような清らかな者は）天子も臣とできず、諸侯も友とできない。だから身を養う者は家を忘れ、志を養う者は身を忘れる。身すら愛せなければ、だれがこれを辱められようか。

『詩経』（邶風《はいふう》柏舟《はくしゅう》）に、「我が心は石ではないので、転がせ（て変え）られない。我が心は筵《むしろ》ではないので、（簡単に）丸められない」とある。

『韓詩外伝』巻一

実は物語そのものは、曾子を外した点が異なる程度で大きな差異はない。傍線部で表現されている『荘子』への反論が焦点である。批判の対象となっている『荘子』が、主張の部分で「道を究めた者は精神をも忘れる」と「道」を重要視することに対し、『韓詩外伝』は、身を養う者は家を忘れ、志を養う者は身を忘れる。身すら愛さなければ、だれがこれを辱められようか、と儒家の士としての「節義」を説いている。ただし、その主張はここだけでは、それほど強いとは言えない。そこに、「我が心は石ではないので、転がせ（て変え）られない。我が心は筵ではないので、丸められない」と『詩経』邶風《はいふう》 柏舟《はくしゅう》を引用することで、主張を明確にしている。『韓詩外伝』は、物語により『詩経』を解釈すると共に、『詩経』により自らの主張を強化するという『荀子』にも見られた修辞法をここでは見せているのである。

　そして、貧富の差などに拘《かかわ》らず、志操が重要であるという『韓詩外伝』の主張の内容もまた『荀子』に基づいている。『荀子』哀公《あいこう》篇は、富貴や貧賤で左右されない人を「士」と位置づけており、『韓詩外伝』の『荘子』への反論が、『荀子』を論拠としていることが分かる。『韓詩外伝』は、孔子の口から『荘子』の思想を語らせる『荘子』の物語に対し、ほぼ同じ物語を展開して、その物語を儒家のものとするために、儒家の主張を入れ、それと『詩経』を関わらせて、儒家の思想を分かりやすく伝えようとしたのである。

4 儒教の普及を目指す

諸侯王の教化

韓嬰が儒教の普及のため、分かりやすく説得力のある物語を利用しているのは、第一に、儒家と対峙する『荘子』や『韓非子』が物語により、自らの主張を分かりやすく伝えていることへの対抗であった。第二の理由は、その読者として、後世のような儒教に特化した勉強を積み重ねた儒家ではなく、黄老思想に親近感を持つことも多い、前漢の諸侯王や皇帝を想定していたことにある。

韓嬰は、素行が悪い常山憲王《じょうざんけんおう》劉舜《りゅうしゅん》の太傅《たいふ》（お守り役）であった。このため、身近な物語を用いて分かりやすく『詩経』を説明すると共に、王への教訓を示すことが『韓詩外伝』執筆の目的であった。それは、人の寿命の短かさを論じた『荀子』の物語をもとに作った、次の文章に明確に現れている。

君子には善を弁別する法（である礼）があり、気を治めて性を養えば、身体は彭祖《ほうそ》より長く保てる。身を修めて自ら努力をすれば、名は尭《ぎょう》や禹《う》に匹敵する。時にあえば出世し、窮に苦しめば出仕しないのは、まことに礼を持つ者である。およそ心を用いる術は、礼によれば道理が達し、礼によらなければ悖《もと》り乱れる。飲食・衣服・動静・居処は、礼によれば節を知り、礼によらなければ病気に陥《おちい》る。容貌・態度・進退・移歩は、礼によれば雅《みや》びやかになり、礼によらなければ混乱する。①国政は礼がなければ行われず、王事は礼がなければ成らず、国は礼がなければ安寧にならず、王は礼がなければまもなく死亡する。

『詩経』（鄘風 相鼠）に、「②人として礼がなければ、どうして早く死なないであろうか」とある。

『韓詩外伝』巻一

『韓詩外伝』は礼により気を治めて性を養えば、八百歳生きたといわれる彭祖《ほうそ》より長生きできる、という物語から始め、あらゆる場面において礼を用いる重要性を列挙していく。そして結論として、①国政も王事も国家も礼がなければ成り立たないという。もととなっている『荀子』では、この部分は、人間も物事も国家も礼がなければ成り立たないという主張なので、「物事」を「王事」に『韓詩外伝』が変更したことは明らかである。しかも、『韓詩外伝』は、その後に『荀子』にはなかった「王は礼がなければまもなく死亡する」という強烈な主張を入れている。『韓詩外伝』が礼をきちんと踏まえない王の素行を直すという執筆目的があったことを明確に理解できる部分である。

そして、『荀子』は、物語の最後で主張を強化するために、「ことごとく礼儀にかなっており、喜び笑う声も大いなる福を養う」という『詩経』小雅《しょうが》楚茨《そし》を引用することで、礼の重要性を強調する。これに対して、『韓詩外伝』は、②「人として礼がなければ、どうして早く死なないであろうか」という『詩経』鄘風《ようふう》相鼠《そうそ》を引用している。これにより、礼がなければ「政」は行えずに「王事」は成らず、「王」は日なくして死亡する、という衝撃的な主張が完成する。「政」と「王事」が常山国のそれ、「王」が常山憲王劉舜《りゅうしゅん》を指すことは明らかである。韓嬰は、太傅《たいふ》として常山憲王劉舜に礼に基づく政治と王事を求め、それを成さなければ王はまもなく死ぬ、としているのである。『韓詩外伝』が常山憲王劉舜への教訓を示すことを執筆目的の一つとすることは明らかである。

天子の規範

ただし、『韓詩外伝』の執筆目的は、常山憲王劉舜への教訓を示すことに止まらない。『韓詩外伝』には、礼による教化の有用性を説く『荀子』議兵《ぎへい》篇の物語を改変しながら、国家全体を支配する天子の規範を示す、次のような物語も収録されている。

> 礼というものは、（国家を）整然と治めるための最高規範であり、①国家を強くするための根本であり、威令を行わせるための手段であり、功績と名声を上げるための総元締めである。王公が礼に依拠すれば、②天下を統一できる理由となる。礼に依拠しなければ、社稷《しゃしょく》が滅亡する理由となる。このために丈夫な甲冑《かっちゅう》も鋭い兵士も（礼がなければ）武力とするには足らず、高い城も深い池も（礼がなければ）堅固とするには足らず、厳しい令も多くの刑も（礼がなければ）権威とするには足らず、礼の道によれば成功し、礼の道によらなければ失敗する。
>
> むかし楚《そ》の人は鮫《さめ》の革や犀《さい》や兕《じ》（の革）で甲冑をつくり、金石のように堅く、大蛇のように曲がり、蜂の針のように鋭利で、軽快で果敢な行動は、疾風のように早かった。しかしながら軍は垂沙《すいさ》で危機に陥り、唐昧《とうばつ》は死に、荘蹻《そうきょう》は逃れ、楚が三つ四つに分かれたのは、堅固

な甲冑や鋭利な兵士がなかったためであろうか。国を統《す》べる者が、礼の道に依拠しなかったためである。（楚はまた）汝水《じょすい》と淮水《わいすい》を天険とし、江水《こうすい》と漢水《かんすい》を天池とし、方城山《ほうじょうさん》を巡らし、鄧林《とうりん》を国境とした。しかしながら秦国《しんこく》の軍が鄢《えん》や郢《えい》に至ると、枯れ葉を振るうように陥落させられた。これは堅固な要塞や厳しい国境がなかったためであろうか。その国を統べる者が、礼の道に依拠しなかったためである。紂王《ちゅうおう》は比干《ひかん》を殺して箕子《きし》を捕らえ、炮烙《ほうらく》の刑をして、時を定めずに殺戮《さつりく》した。臣下たちは憂い恨んで、みないつ殺されるかと不安であった。それなのに周《しゅう》の軍隊が至ると、命令が側近にも及ばなかったのは、厳令や煩雑《はんざつ》な刑罰がなかったためであろうか。その国を統べる者が、礼の道に依拠しなかったためである。

もし、そもそも（礼の）道を明らかにして等しくこれを分かち、まことに愛してしかるべきときに礼を使えば、下の者が上に応じることは影響のようになる。命に由らないことがあって、その後に礼の下に刑を用いる。一人を刑にあてることで天下が服し、下の者が上を非としなくなるのは、（刑により）罪が自分にあることを知るためである。こうして刑罰が競い消えて威が流れるのは、他でもない、礼の道によるためである。

『詩経』（大雅《たいが》 文王有声《ぶんおうゆうせい》）に、「（文王の教化は）③東より西より、南より北より（広がり）、（その教化を）思って服さない者はなかった」とある。このように、近い者はこれを歌い、遠い者はこれに赴き、遠く卑しい国々も、使者を派遣してこれを安楽しないものがないことは、赤子の慈母に帰するようであるのは、なぜであろうか。仁は現れ義は立ち、教化は誠で愛は深く、礼楽が共に通じるためである。

『詩経』（小雅《しょうが》 楚茨《そし》）に、「④すべての礼儀に法があり、喜び笑う声もすべて（礼に）かなっている」とある。

『韓詩外伝』巻四

『韓詩外伝』は、『荀子』を①・②の二ヵ所で改変している。『荀子』議兵篇では、「強固の本」とされていた部分を①「強国の本（国家を強くするための根本）」に、「天下を得る所以なり」とされていた部分を②「天下を一にする所以（天下を統一できる理由）」に変更している。韓嬰は、国家の強化と天下全体の統一を問題としているのである。

そのうえで、「むかし楚」からの段落の物語を文王の教化が天下の四方に広がったことを称《たた》える③『詩経』大雅 文王有声を解釈する物語とし、最後に④『詩経』小雅 楚茨の笑い声まで礼にかなっているという詩を掲げて、礼が重要であるという主張を強調する。

このように韓嬰は、常山憲王劉舜への教訓を示すことに加えて、国家全体を支配する天子の規範を示すことまで『韓詩外伝』執筆の特徴的な目的の一つとしているのである。

解釈の飛躍

それでは、このように物語で詩を解釈して、自らの主張をそこに入れることが、『詩経』の解釈に与えた影響を考えておこう。韓嬰は、現在も残る『韓詩外伝』の他に、『韓詩内伝《かんしないでん》』も著していた。『韓詩内伝』は散逸したが、諸書に引用されて残っている部分もある。『詩経』周南《しゅうなん》 漢広《かんこう》は、『韓詩内伝』と『韓詩外伝』の物語的な説明が、共に残存する唯一の事例である。はじめに、現行の『毛詩《もうし》』周南 漢広を詩の全体像を説明する「毛序《もうじょ》」と共に掲げておく。

〈毛序〉漢広は、徳が広く及んだところ（を示す詩）である。（周の）文王の道は、南の国々にまで及んだ。（文王の）美しい教化が行われると、長江や漢水の地域で、礼を犯そうと思うものはなく、（法を犯すものは）求めても得られなくなった。

南に喬木《きょうぼく》有り、休息す可からず。漢に遊女有り、思《ここ》に求む可からず。

翹翹《ぎょうぎょう》たる錯薪《さくしん》、其《そ》の楚を刈《か》るを言ふ。之《こ》の子于《う》帰《き》せば、其の馬を秣《やしな》ふを言ふ。
漢の広ければ、思《ここ》に泳ぐ可からず。江の永ければ、思《ここ》に方《いかだ》す可からず。
翹翹たる錯薪、其の蔞《よもぎ》を刈るを言ふ。之の子于帰せば、其の駒を秣ふを言ふ。
漢の広ければ、思《ここ》に泳ぐ可からず。江の永ければ、思に方す可からず。

『毛詩』周南　漢広

「毛序」は、「漢広」の詩について、周の文王の徳が広く及び、南は漢水のほとりの女性まで、その教化を受けて、礼を尽くさなければ応じない貞女《ていじょ》を称《たた》える詩である、とする。『韓詩内伝』と『韓詩外伝』が説明するのは、『毛詩』の傍線部「漢に遊女有り、思《ここ》に求む可からず」の部分なので、ここに付けられた毛伝《もうでん》と鄭箋《ていせん》（鄭玄《じょうげん》の解釈）も掲げよう。

〈毛伝〉（この詩は）興《きょう》（隠喩《いんゆ》、メタファー）である。南方の木は美しく、高く上までそびえ立つ。（詩の用いる）「思」の字は、（ことという意味の）助字《じょじ》である。漢水《かんすい》のほとりの遊女は、思《ここ》に求められない者である（という意味になる）。

〈鄭箋〉「（ここに求めることが）できない」というのは、言うことはできるという意味である。木が枝葉を高い場所に付けているので、人はそこに行くことはできない。その興（隠喩）は、賢女が外に出で漢水のほとりで遊んでいても、人は礼を犯そうと思うことはなく、また（賢女の）貞潔《ていけつ》が礼を犯せなくしていることを喩えているのである。

『毛詩』周南 漢広

このように鄭玄は、漢水のほとりに遊ぶ女性を「賢女」と捉えている。殷《いん》の紂王《ちゅうおう》の世であっても、文王の徳の感化を受けて、女性は貞潔《ていけつ》であり、人々は礼を犯そうとは思わないと述べ、儒教の理想とする貞女像により、『毛詩』を解釈するのである。

これに対して、『文選《もんぜん》』に収録される郭景純《かくけいじゅん》（郭璞《かくはく》）の「江賦《こうふ》」の注に引用される『韓詩内伝』は、漢水のほとりに遊ぶ女性を「神女」と捉えている。

鄭交甫《ていこうほ》は、あの漢水の皐台《こうだい》の下に行き、二人の娘に会って共に語って、「どうかあなたの佩《おびだま》をください」と言った。二人の娘は交甫に（佩玉《はいぎょく》を）与えた。交甫は受けとって佩玉を抱くと、（二人の娘は）あっという間に去った。十歩行ってこれを探したが、すでにいなかった。二人の娘を振りかえってみても、またすでにいなかった。

『文選』江賦注引『韓詩内伝』

鄭の大夫とされる鄭交甫が、漢水のほとりで会って佩《おびだま》をもらった二人の娘は、神女であったという。「漢広」は、もともと漢水の女神を歌ったもので、『楚辞《そじ》』九歌《きゅうか》に歌われる二人の女神である湘君《しょうくん》と湘夫人《しょうふじん》（湘水の神・洞庭湖《どうていこ》の水神）の元話と考えられる。『韓詩内伝』は、『毛詩』では失われた詩の本来の姿を残している可能性がある。それでは、詩は、なぜ『毛詩』のような解釈になったのであろうか。『韓詩外伝』をみてみよう。

孔子《こうし》が南に旅して楚《そ》に行き、阿谷《あこく》の隧道《ずいどう》に至った。（そこでは）処子《しょし》が瑱《みみだま》を佩《お》びて洗濯していた。孔子は、「あの婦人と語ることができるであろうか」と言った。觴《さかづき》を取り出して子《し》貢《こう》に授け、「うまく彼女に言葉をかけ、その応答を見よ」と言った。子貢は、「吾《わたし》は北の田舎者です。南に向かい楚に行くところです。たいへん暑いので、水を求めています。どうか一杯の水をいただき、わたしの心を示したいものです」と言った。婦人は応えて、「阿谷の隧道は、入り組んだ川が流れており、その水は澄んだり濁ったりしており、海に流れてまいります。飲みたければお飲みください。どうして婦人に問いかけるのでしょうか」と言った。

子貢の觴を受けとり、流れを迎えて水を汲み、あでやかにこれを棄て、流れに従って水を汲み、あでやかに杯を溢《み》たして、坐ってこれを砂の上に置いた。「礼では（男女は）もとより直接お渡しできません」と言った。

子貢はこれを告げた。孔子は、「丘《わたし》はそう応えるとわかっていた」と言った。琴を取りその軫《ことじ》を外して、子貢に授け、「うまく彼女に言葉をかけ、その応答を見よ」と言った。子貢は、「さきほどの子《あなた》の言葉は、おだやかなこと清風のようです。我《わたし》の言葉に逆らわず、我の心を和《なご》やかに伸びやかにしました。ここに琴があり軫がありません。どうか子に借りて琴の音を調《ととの》えたいものです」と言った。婦人は応えて、「吾《わたくし》は野鄙《やひ》ですので、教養もなく心得もございません。五音も知りませんので、どうして琴を調えられましょう」と言った。

子貢はこれを告げた。孔子は、「丘はそう応えるとわかっていた」と言った。絺綌《くずぬの》五両（約九メートル）を取り出して子貢に授け、「うまく彼女に言葉をかけ、その応答を見よ」と言った。子貢は、「吾《わたし》は北の田舎者です。南に向かい楚に行くところです。ここに絺綌五両があります。吾は不躾《ぶしつけ》に子《あなた》に手渡しできませんので、これを水辺に置かしてください」と言った。婦人は応えて、「客《あなた》の行動は、誤り乱れて人の道にはずれています。その財産を分けて、これを野鄙《やひ》に棄てています。吾《わたくし》は年少であるからといって、どうして子《あなた》から受けられまでしょうか。子は早く行かなければ、いま秘かに狂夫《きょうふ》がわたしを守っております」と言った。

『詩経』(周南《しゅうなん》 漢広《かんこう》)に、「南に高い木があっても、休むことはできない。漢水に歩む娘がいても、求めることはできない」とある。これはこのことを言っている。

『韓詩外伝』巻一

『韓詩内伝』と同様に、『韓詩外伝』でも漢水のほとりに女性がいるが、「阿谷の処子」と呼ばれる女性は、神女ではない。ここでは、男性に声を掛けられても靡《なび》かない貞女《ていじょ》として表現されている。そして、声をかけるのは、孔子の弟子の子貢《しこう》であるが、孔子が声を掛けさせている。孔子が女性を誘っているように読むこともできるので、物語としての完成度は高くはない。女性を道徳的に評価する孔子像を構築しようと試みているのであるが、物語として上手くまとめられていないのである。

これに対して、『韓詩外伝』をもとに、前漢末に劉向《りゅうきょう》が『列女伝《れつじょでん》』の中で、「阿谷処女《あこくのしょじょ》」を描いている。そこでは、孔子の姿がより明確になっている。最初の二段落は、ほぼ同じなので、三段落目から掲げよう。

子貢はこれ（処子の答え）を告げた。孔子は、「丘《わたし》はそう応えるとわかっていた。①賢人と会ったのだから敬意を表そう」と言った。絺綌《くずぬの》五両（約九メートル）を取り出して子貢に授け、「うまく彼女に言葉をかけよ」と言った。子貢は行って、「吾は北の田舎者です。北から南に向かい、楚に行くところです。絺綌《くずぬの》五両がありますが、不躾《ぶしつけ》に子《あなた》に手渡しできませんので、これを水辺に置かしてください」と言った。処子は、「旅の御方は、永く久しく嘆かれるでしょう。その財産を分けて、これを野鄙《やひ》に棄てています。年少であるからといって、どうして子《あなた》から受けられまでしょうか。子は早く命じませんでしたので、（わたしには）②問名《もんめい》をすませた狂夫がおります。

子貢はこれを告げた。孔子は、「丘《わたし》はそう応えるとわかっていた。③その婦人は人の情に達して礼を知っている」と言った。『詩経』（周南《しゅうなん》 漢広《かんこう》）に、「南に高い木があっても、休むことはできない。漢水に歩む娘がいても、求めることはできない」とある。これはこのことを言っているのである。

『列女伝』巻六 弁通《べんつう》 阿《あ》谷処女《こくのしょじょ》

子貢が、第一段落で水を求め、女性の答えが「清風」のようであるから、音楽でそれを表現したいので、第二段落で軫《ことじ》を求めることは、流れとして違和感はない。ところが、『韓詩外伝』では、そのあと子貢が財物を与えようとするが、それは突然の好意であり、音楽とも繫がらない。悪意に読めば、財物にものをいわせて女性を思う通りにしようとしているようにもみえる。そこで、劉向は、①「賢人と会ったのだから敬意を表そう」という孔子の言葉を入れて、与えようとした財物が、女性を賢人と認め、それへの礼として贈るものであったことを明確にしている。

さらに、②女性の断りの言葉の中に、『韓詩外伝』にはなかった「問名《もんめい》」を入れている。「問名」は、『儀礼《ぎらい》』士昏礼《しこんれい》に規定された、婚約の前に行う女性の生母の姓を問う礼である。女性に、すでに聘物《へいぶつ》を受けた他の男性（狂夫）がいるために、自分を賢人と認めて礼を尽くしてくれた孔子からの聘物であっても受けられないと、礼制に基づいて女性の行為を説明しているのである。そして、最後に③女性が人情に達して礼を知っている、という孔子の言葉を入れることで、『韓詩外伝』では誤解されがちな孔子の女性への評論者としての立場を明確にすると共に、女性が賢人であることを表現している。

劉向は、『韓詩外伝』が描こうとして、十分に表現しきれていなかった女性の賢人としての姿を強調すると共に、孔子の道徳に基づく評価者としての立場も明確にした。『毛詩』に注を付けた鄭玄《じょうげん》は、こうした劉向『列女伝』の賢人としての女性像の影響の中で、鄭箋に女性を賢人として描いたのである。

このように、漢水の女性像は、神女を詠《よ》んだ詩の原義《げんぎ》を伝える『韓詩内伝』の物語から、儒教経義に基づいて女性を賢人と描く『韓詩外伝』の物語を『列女伝』が整理して、毛伝鄭箋《もうでんていせん》の賢人としての女性像へと繋がっていく。漢代において、『詩』は、文字の意味を明らかにする訓詁《くんこ》だけで解釈されたわけではなく、物語によっても解釈されていた。『詩』が原義から離れて、儒教的な解釈へと展開されていく一事例をここに見ることができる。物語は、こうして儒教の経典解釈の重要な位置を占めていくのである。

第五章　『春秋』を書き継ぐ

1　物語から史伝へ

『春秋左氏伝』の史伝と経解

『春秋』三伝の一つである『春秋左氏伝《しゅんじゅうさしでん》』は、『春秋公羊伝《くようでん》』『春秋穀梁伝《こくりょうでん》』が経文《けいぶん》を「義」により解釈することに対して、経文を「事」により解釈する。本書は、これまで「事」を物語として扱ってきたが、厳密に言えば、『春秋左氏伝』の物語は、物語を具体的な年代に位置づけ直した「史伝《しでん》」となっている。

物語と史伝との違いを明確にするために、「唇亡歯寒《しんぼうしかん》（唇亡《くちびるほろ》びて歯寒し）」という故事成語にもなっている、晋《しん》が虢《かく》を滅ぼすことを助けた虞《ぐ》が、晋に滅ぼされた物語を『韓非子《かんぴし》』から掲げて比較していこう。

何を小利を顧みるというのか。

むかし晋《しん》の献公《けんこう》は、虞《ぐ》に道を借りて、虢《かく》を伐《う》とうとした。家来の荀息《じゅんそく》は、「わが君、何とぞ垂棘《すいきょく》の玉と、屈《くつ》の馬四頭を虞の君に賂《まいな》いして、（虞に虢への討伐の）道を貸すように頼んでください。そうすれば、（虞は）きっと道を貸してくれるでしょう」と言った。献公は、「垂棘の玉は、わが先代の宝であり、屈の馬はわしの駿馬である。もし虞が、賂《まいない》だけを受け取って、道を貸さなければ、どうするのか」と尋ねた。荀息は、「道を貸さないときには、賂も受け取らないでしょう。賂を受けて道を貸せば、渡した宝は、内庫から取り出して、外庫に収納したのと同じことになります。馬も内の厩《くりや》から引き出して、外の厩に繋いだようなものです。心配ありません」と言った。献公は、「よし」と応えた。そこで荀息を使者に、垂棘の玉と屈の馬四頭を虞の君に賂いして、道を貸して欲しいと頼んだ。

虞の君は、玉と馬とが欲しいので、晋の願いを許そうとした。虞の家来の宮之奇《きゅうしき》は諫めて、「許してはいけません。そもそも虞と虢は、たとえば車で人の乗る場所と脇の囲み板のようなもので、囲い板は乗る場所に凭《もた》れ、乗る場所は囲い板に凭れています。虞と虢の形勢も、それと同じです。もし晉に道を貸し、虢が朝《あした》に亡《ほろ》べば、虞は夕べにその後を追うことでしょう。何とぞ許してはなりません」と言った。虞の君は、宮之奇の言うことを聴かず、晉に道を貸した。荀息は虢を伐ち、これに勝った。引き上げて三年の後、折り返して兵を挙げて虞を伐ち、これにも勝った。荀息は先の馬を牽《ひ》き、玉を手に持って、献公に復命した。献公は悦んで、「玉は元のままだな。だが馬の歯は伸びたぞ」と言った。

このように虞の君が、戦いに負け、土地を削られたのはなぜか。小利を惜しみ、その害に気づかなかったからである。このため、「小利を顧みると、大利を損なう」というのである。

『韓非子』十過篇

『韓非子』は、十過篇に記す十の誤りの一つに、「小利を顧みる」ことを挙げて、その説明を目的に、玉と馬という小利のため、晉に道を貸すことで滅んだ虞の物語を例にあげている。物語の落ちは、「馬の歯」が伸びたことである。馬は年齢を歯の長さで調べるので、虞という外の廐《くりや》に繋いでおいた年数分、馬が年取ったな、と献公は言っているのである。

この物語は、故事成語になったほど有名で、『呂氏春秋《りょししゅんじゅう》』慎大覧《しんだいらん》権勲《けんくん》、『淮南子《えなんじ》』人間訓《じんかんくん》、『史記』晋世家の他、『春秋』の三伝など、多くの書物に載せられている。

『春秋左氏伝』は、僖公《きこう》二年と僖公五年の二ヵ所にわたって物語を記すことで、これを史伝にしている。少し省略しながら掲げよう。


僖公《きこう》二年、……晋《しん》の荀息《じゅんそく》は、屈《くつ》の名馬四頭と垂棘《すいきょく》の璧《へき》を贈って、虞《ぐ》に道を借りて、虢《かく》を伐とうとした。献公は、「これは吾《わたし》の宝である」と言った。（荀息は）「もし、道を虞に借りれば、外府（外の倉庫）に置くようなものです」と言った。献公は、「（虞には名臣の）宮之奇《きゅうしき》がいるぞ」と言った。（荀息は）「宮之奇の人となりは懦弱《だじゃく》で、強く虞公を諫められません。また幼いときから虞公に仕えており、虞公はかれに狎《な》れ過ぎています。たとえ諫めても聞かないでしょう」と答えた。そこで、荀息を使者として道を借りに行かせ、荀息は、「……」と言った。虞公はこれを許した。さらに、先に虞が虢を攻めることを願い出た。宮之奇は諫めたが聞かず、そうして兵を起こした。この年の夏、晋の里克《りこく》と荀息が軍を率い、虞軍と共に虢を攻め、下陽《かよう》を滅ぼした。①（経《けい》に、「虞師・晋師が下陽を滅ぼした」と）先に虞を書いているのは、（馬と玉という）賄《まいない》を受けたためである。……

僖公五年、……（晋の）献公は、また虞に道を借りて虢を伐った。宮之奇は諫めて、「虢は、虞の表です。虢が亡《ほろ》べば、虞も必ず同じになります。晋に（道を）開いてはなりません。寇に（道を）開いてはなりません。一度でも有り得ないと言うべきことなのに、二度も貸してはなりません。諺《ことわざ》では、「車で人の乗る場所と脇の囲み板は互いに助け合い、脣《くちびる》が亡びると歯が寒い」といいます。それは、虞と虢のことを言っているのです」とした。虞公は、「晋は吾が宗《そう》（祖先を共にする宗族）である。我を害することがあろうか」と言った。（宮之奇は）「……」と答えた。虞公は、「吾《わたし》は（宗廟の）祭祀を豊かに潔癖にしてきた。（祖先の）神が、必ず我を助けてくれよう」と言った。（宮之奇は）「……」と答えた。（虞公は）聞かず、晋の使者の言うことを許した。宮之奇は、一族を連れて去り、「虞は（年末の）臘《ろう》の祭祀をしないであろう（年末までには滅亡する）。今度の戦いでは、晋は出直すことはあるまい（虢を滅ぼした後、帰国せずにそのまま虞を滅ぼすであろう）」と言った。

八月甲午《こうご》、晋侯は（虢の）上陽を包囲した。……冬、十二月丙子朔《へいしさく》、晋は虢を滅した。虢公の醜《しゅう》は京師《けいし》に出奔した。（晋の）軍隊が戻り、虞に宿営した。そのまま虞を襲い、これを滅ぼし、虞公とその大夫の井伯《せいはく》を捕らえた。そして晋の公女が秦に輿《こし》入れする際に、虞公を付き添いとさせた。（また晋侯は宗なので）虞の祭祀は引き継ぎ、朝廷への職務と貢納の義務は、天王《てんおう》（周王）に返上した。

②経に書して、「晉の人が虞公を捕らえた」というのは、虞に罪のあることを示し、かつ（虞を滅ぼして君を捕らえることが）容易であったことを示すのである。

『春秋左氏伝』僖公伝二年・伝五年

『韓非子』の物語と比べて、一読、歴史の文章になっているのは、物語が時間軸に基づき分割されて、歴史の流れの中に位置づけられていることによる。『春秋左氏伝』は、「春秋長暦《しゅんじゅうちょうれき》」と呼ばれる暦を時間軸として持っており、それに沿って時代順に物語を位置づけている。後に編年《へんねん》体《たい》と呼ばれる歴史の書き方である。

しかし、あくまで「春秋経」に対する「伝《でん》」（解釈）として編纂された書物なので、経を解釈する文がある。①は、「虞師・晉師が下陽を滅ぼした」と記す「経」の国順の解釈である。先に書くことは、虞が「師」（軍）を出す主導的な立場になるのが通例であるが、ここでは虞が賂を受けて軍を出したことを批判している、と「経」を解釈するのである。②は、「晉の人が虞公を捕らえた」と記す「経」は、賂を受けて道を貸した虞が悪いことと、容易に虞が敗退したことを表現している、と解釈する。ちなみに波線で示したように、『韓非子』にはなかった「唇亡歯寒」という表現が『春秋左氏伝』にあり、よく読まれた『春秋左氏伝』が典拠となっていることが分かる。

①②のような「経解」の文に加えて、『春秋左氏伝』は、「凡そ」から始まる「凡例」、「孔子（あるいは孔子の字《あざな》（呼び名）である仲尼《ちゅうじ》）曰く」から始まる孔子の評価、「君子曰く」から始まる君子の評価や教訓などが記される。すなわち、『春秋左氏伝』は、物語を「春秋長暦」の時間軸により整理した「史伝」に、「経解」の文、孔子や君子の歴史への評価が加えられた、三層より成る書物なのである。

それでは、孔子や君子の評価は、どのように加えられているのであろうか。『春秋左氏伝』の中で、「孔子曰く」は三例、「仲尼曰く」は一七例、「君子曰く」は四六例が載せられているが、それらの中で、『春秋左氏伝』の成立事情を示すともされる「仲尼」の評価を掲げよう。

仲尼は、魏献子《ぎけんし》の（人の）使い方を聞き、義《ぎ》であるとした。（そして）「身に近いところでは、親類でも見落とさず、身に遠くても、使える人は使う。義にかなっていると言ってよい」と言った。また（仲尼は）魏献子が賈辛《かしん》に教えたことを聞いて忠《ちゅう》であるとした。『詩経』（大雅《たいが》文王《ぶんおう》）に、長く天命に寄り添う（よう、失わない）ようにして、自ら努力して、多くの福を求めなければならない」と言っているのは、忠だからである。魏子の人の使い方は義であり、その教え方は忠である。長く晉国に家を伝えるであろう」と言った。

『春秋左氏伝』昭公伝二十八年

孔子が褒めている魏献子（魏舒《きじょ》）は、戦国魏の全盛期を築く文侯《ぶんこう》の祖先である。大原《たいげん》の戦い（紀元前五四一年）で敵の異民族の軍容に合わせて、自軍を戦車部隊から歩兵部隊へと編成を変えて、勝利を収めたことで有名である。そののち、晉の公族である祁《き》氏と羊舌《ようぜつ》氏を滅ぼし、正《せい》卿《けい》・中軍《ちゅうぐん》の将として晉の全権を握っていく。ただし、そのあとは、成周《せいしゅう》で城壁建設のために諸侯の大夫と会盟をした際、余興として行った狩猟で焼け死ぬという礼に悖《もと》る最期を遂げている。

こうした功罪半ばする魏献子について、孔子は、義であり忠であると高く評価し、『詩経』の大雅文王の中で、周の文王が天命を受け、それを長く後世に伝えたことを歌う部分の句を用いて、魏献子のあり方を正統化し、魏が長く晉国に家を伝えるであろうと予言している。ここ以外にも、『春秋左氏伝』が魏を褒める記述はある。また、先に述べたように、晉の文公の覇権を評価しており、『春秋左氏伝』は、晉と魏に関する記述が最も詳細である。これらが、『春秋左氏伝』は戦国の中期に魏の史官の手で編纂された、という主張の論拠になっている。

しかし、『春秋左氏伝』には、三晉の中では魏の後に台頭する趙《ちょう》を高く評価する言葉も記されている。先秦時代の文献がほぼそうであるように、一人の手による著作と考えることはできない。『春秋左氏伝』が、宮中から発見され、世に現れたのは、前漢も後半の成帝《せいてい》期で、出現の直前まで手が入れられ続けたと考えてよい。

それは、次に見ていくように、『春秋左氏伝』には、前漢後半期の政治状況を正統化する記述も、多く含まれているためである。

2　国家と君主の正統性

天子の宗廟

『春秋左氏伝』は、左氏伝が出現した成帝期に国政上の問題として議論されていた天子七廟《てんししちびょう》制（皇帝の祖先の祭祀）、漢尭後説、漢火徳説という三つの問題を解決できる典拠を提供することにも特徴がある。

皇帝の祖先を何代にわたり、どのような形で現皇帝の御霊屋《みたまや》である宗廟《そうびょう》で祭祀するのか、という問題が天子七廟制である。皇帝の父・祖父・曾祖父・高祖父の四代を親廟として、それ以前の祖先の廟を毀《こぼ》つ（木主《ぼくしゅ》〈位牌〉を別の廟に移して、祭祀の回数を少なくすること）のは、共通の理解である。問題は、国家の創始者である高祖などの不毀廟《ふきびょう》（木主を宗廟に永遠に残す祖先）を誰にするのか、天子が設ける「七廟」とは、四つの親廟と三つの不毀廟のことなのか否か、という二点にあった。

『春秋左氏伝』を「学官《がくかん》に立てる」（太学に博士を置く公認の学問とする）ことを主張した劉歆《りゅうきん》は、武帝の廟を世宗廟《せそうびょう》として不毀廟とすべきこと、および不毀廟の数に制限はなく、天子が設けてよい七つの廟の数の中には含まれないことを『春秋左氏伝』を論拠に、次のように主張している。

太僕《たいぼく》の王舜《おうしゅん》と中塁校尉《ちゅうるいこうい》の劉歆《りゅうきん》は議して次のように申し上げた。「……①『礼記《らいき》』の王制篇及び『春秋穀梁伝』には、「天子は七廟で、諸侯は五廟、大夫は三廟で、士は二廟である」とあります。……『春秋左氏伝』には、②（荘公《そうこう》伝十八年に）名位が同じであれば、礼もまた数を異にする」とあり、③（襄公《じょうこう》伝二十六年に）上位から下位に、一段下がるごとに二つを減ずるのが、礼である、とあります。七というものは、正法の数であり、常数とすべきものです。（不毀廟である）宗は、七の数の中には入りません。宗は、変という意味です。功徳があれば、その皇帝を宗とし、宗廟の中に木主を並べて（七という）数の中に入れるべきではありません。……」。

『漢書』韋賢《いけん》伝附韋玄成伝

このように、劉歆は、天子七廟の典拠として①『礼記』王制と『春秋穀梁伝』を掲げたのち、不毀廟の数には制限がなく、不毀廟は七廟の中には含まれないとする劉歆の独自の主張の部分で、引用の方法は断章取義《だんしょうしゅぎ》だが、『春秋左氏伝』の②荘公伝十八年、③襄公伝二十六年を論拠としている。哀帝《あいてい》はこれに従い、武帝の廟を「世宗」と位置づけて不毀廟とし、最終的に王莽《おうもう》が天子七廟制の問題を決着させた。『春秋左氏伝』は、天子七廟制の問題を解決するための論拠とされているのである。

漢と尭

漢を建国した高祖《こうそ》劉邦《りゅうほう》は、『史記』高祖本紀では、字《あざな》は季《き》と記されるだけで、名は記されない。季は末っ子という意味なので、名もない生まれだったのであろう。父は太公《たいこう》、母は劉媼《りゅうおん》と記される。太公は他人の父の尊称、媼は老母という一般名詞であるから、じいさんと劉ばあさんの末っ子が漢の建国者である。「邦」という堂々とした名が記されるのは後漢時代の記録で、そのころまでには、劉邦が尭《ぎょう》の子孫であるという漢尭後《かんぎょうこう》説が唱えられていた。存在も不確かな伝説的な聖天子の尭と、出自のはっきりしない劉邦を結びつけるものが、『春秋左氏伝』である。襄公《じょうこう》伝二十四年では、史伝の中で范宣子《はんせんし》が次のような言葉を述べている。

わたしの先祖は、虞舜《ぐしゅん》よりも前では、（帝尭）陶唐《とうとう》氏です。夏に下ると御龍《ぎょりゅう》氏です。商では豕韋《しい》氏です。周では唐《とう》氏もくしは杜《と》氏で、晋が中華の盟主となってからは范氏と称しています。

『春秋左氏伝』襄公伝二十四年

ここの記述は、范氏が帝尭陶唐氏の子孫であると述べているだけだが、これに昭公《しょうこう》伝二十九年に見える劉累《りゅうるい》の記述を加えると、范氏が劉累の子孫であることが分かる。魏献子《ぎけんし》から龍のことを聞かれた蔡墨《さいぼく》の説明の中に次のような部分がある。

陶唐《とうとう》氏が衰えると、其の後裔に劉累という者があり、豢龍《けんりゅう》氏から龍の慣らし方を学び、孔《こう》甲《こう》に仕え、龍に飲食させることができました。夏后《かこう》はこれを褒め、御龍《ぎょりゅう》という氏を賜いました。のち豕韋《しい》の後裔に代わらせました。龍の雌が一匹死んだので、こっそり塩漬けにして夏后氏に食べさせました。夏后氏はこれを食べ、さらに食べたいと言うので、恐れて魯《ろ》県に引っ込みました。范氏はその後裔です。

『春秋左氏伝』昭公伝二十九年

これにより、范氏の祖先である夏の御龍氏が、尭の後裔である劉累であると分かり、劉氏もまた尭の子孫であることが論証される。ただ、これだけでは、どこの劉氏かは特定されない。これに、文公伝十三年の士会《しかい》の子孫の記録を加える。士会は、晉の公族で范を封地としたので、その分家は范氏を名乗り、士会は范武子《はんぶし》とも称された。士会は一時、秦に仕えたことがあり、晉に呼び返されるが、残った家族が劉氏と称したというのである。この文章には、原文も付けて掲げよう。

秦人は約束どおり、士会の家族を返した（秦人帰其帑）。その中で秦に残った者は劉氏となった（其処者為劉氏）。

『春秋左氏伝』文公伝十三年

そして、『春秋左氏伝』を宣揚した劉歆《りゅうきん》の父である劉向の言葉が、『漢書』巻一高祖本紀の賛に次のように記されている。

劉向は、「戦国のときに、劉氏は秦より魏に移った」という。秦が魏を滅ぼすと、大梁《たいりょう》に遷《うつ》り、豊《ほう》を都とした。……豊公は、おそらく太上皇父《たいじょうこうふ》であろう。

『漢書』巻一高祖本紀の賛

劉邦は沛の豊邑の生まれである。このため、班固の『漢書』は、豊に移住した秦の劉氏の中で「豊公」と呼ばれていた者を劉邦の父（太上皇父）と推測している。それは、それでよい。この系譜のポイントは、原文で掲げた士会の家族で秦に残った者が劉氏となったという「其処者為劉氏」という六字である。

これについては、早くも唐の孔穎達《くようだつ》が、この六文字は、漢の左伝家が劉を姓とする漢に媚び、左氏を興すために付け加えた、と述べており（『春秋左氏伝』文公十三年疏）、清の劉逢禄《りゅうほうろく》は、六字を劉歆の増益と断言し、左氏伝そのものも劉歆の偽作である、と主張する（『左氏春秋考証』下）。『春秋左氏伝』を一人の著作とすれば、劉逢禄の主張どおりなのであろうが、『春秋左氏伝』は、重層的に多くの作者が手を入れていたと考えられる。それでは、いつまで手を入れ続けたのであろうか。

それを考えるヒントが、『史記』の記述である。『史記』夏本紀《かほんぎ》も、劉累の龍の物語を伝えているが、『春秋左氏伝』昭公伝二十九年とは、字句に異同がある。すでに訳は掲げたので、原文だけ並べよう。『春秋左氏伝』昭公伝二十九年は、次のとおりである。

有陶唐氏既衰。其後有劉累、学擾龍于豢龍氏、以事孔甲。能飲食之。夏后嘉之。賜氏曰御龍。以更豕韋之後。龍一雌死。潜醢以食夏后。夏后饗之、既而使求之。懼而遷于魯県。范氏其後也。

『春秋左氏伝』昭公伝二十九年

これに対して、『左氏春秋』を読んだという司馬遷の『史記』は、次のような文章である。

陶唐既衰、其后有劉累、学擾龍于豢龍氏、以事孔甲。孔甲賜之、姓曰御龍氏。受豕韋之後。龍一雌死、以食夏后。夏后使求、懼而遷去。

『史記』巻二夏本紀

このように『史記』は、現行の『春秋左氏伝』より少ない字数で、龍の物語を伝えているが、決定的に異なるのは、現行の『春秋左氏伝』昭公 伝二十九年には、「范氏其後也」の五字が存在することである。司馬遷が見た『左氏春秋』が現行の『春秋左氏伝』と同じであるか否かは、多くの議論がある。この部分から考えると、司馬遷が見たという『左氏春秋』と劉歆・劉向により「発見」された『春秋左氏伝』とは、同一ではない可能性が高い。少なくとも、司馬遷が見た『左氏春秋』からは、漢が堯の後裔であることは導き出せなかった。それは『史記』が、堯と漢との関係に全く触れないことに明らかである。

逆に考えると、『史記』が漢以前の君主の祖先を明確に記したことで、おじいさんとおばあさんの末っ子が立てた漢、という『史記』の記述から脱却する必要が生まれたとも言える。司馬遷が生きた武帝期より、約五十年ほど後に即位した成帝《せいてい》期に出現した『春秋左氏伝』は、劉歆が手を加え、宣揚することで、漢の祖先は堯帝の末裔であると漢堯後説を成立させることができたのである。

漢は火徳

『春秋左氏伝』は、さらに漢火徳説《かんかとくせつ》の論拠にもなっている。諸子百家の一人、陰陽家の鄒衍《すうえん》が説いた宇宙論である陰陽五行説《いんようごぎょうせつ》によれば、万物は、天・日・男などの「陽」と地・月・女などの「陰」との結合により生まれる。生まれたすべてのものは、土・木・金・火・水という「五《ご》行《ぎょう》(五つの要素)」によって構成される。これらの中に、「日」曜日以下、「土」曜日までの七曜がすべて含まれるように、陰陽五行説は、中国だけではなく、やがて東アジアの宇宙論の根底に置かれた。ギリシャのイオニア学派が、万物の根源を水や原子といった、ただ一つのものに求めたことに対して、陰陽五行説では、五行は並存し、かつ相互に関係しあう。土から木が生え、木が金属に切られ、金属が火に溶かされ、火が水で消され、水が土に吸収されるように、土↑木↑金↑火↑水↑土……の順で、下が上に勝つとされたのである。これを五行相勝説《そうしょうせつ》という。後に、木に火が着き、火が燃えると土にかえり、土から金属が掘り出され、金属が溶けて液体(水)になり、水を吸収して木が育つように、木↓火↓土↓金↓水↓木……の順で、上から下が生まれるという、五行相生説《そうしょうせつ》も生まれた。相勝説と相生説をあわせて、五徳終始説《ごとくしゅうしせつ》という。万物の運行がこれに則るので、国家の盛衰も五徳終始説により説明された。
劉向《りゅうきょう》・劉歆《りゅうきん》の出現まで、国家の興亡を説明する五徳終始説は相勝説に依っており、水徳《すいとく》である秦《しん》に勝った漢は、土徳と考えられていた。武帝は、太初《たいしょ》元（前一〇四）年、受命改制《じゅめいかいせい》思想（天命を受けた者は、暦と国家の徳とを改めるという思想）に基づき太初暦《たいしょれき》を制定して、漢を土徳と決定した。

これに対して、劉歆は、新たに三統暦《さんとうれき》を作成して太初暦に対抗し、自己の所説の独自性と正しさを主張するため、相生《そうしょう》の五徳終始説に基づき漢火徳説《かんかとくせつ》を唱えた。秦は短いため五徳に入れず、漢は周の木徳を受けたとした。それにより劉歆は、漢の土徳を正統化していた太初暦を打破したのである。

そのうえで、『春秋左氏伝』昭公伝十七年だけが記録する古帝王の少昊《しょうこう》を入れることで、漢火徳説を実証する。従来の古帝王と三代（夏・殷・周）の系譜では（秦は閏統として五徳より除く）、五行相生説を適用しても、

黄帝《こうてい》（土）→顓頊《せんぎょく》（金）→帝嚳《ていこく》（水）→尭《ぎょう》（木）→舜《しゅん》（火）→
夏《か》（土）→殷《いん》（金）→周《しゅう》（水）→漢《かん》（木）

となり、漢は火徳とならない。ところが『春秋左氏伝』だけが記録する少昊を入れると、

　黄帝（土）→少昊（金）→顓頊（水）→帝嚳（木）→尭（火）→
　舜（土）→夏（金）→殷（水）→周（木）→漢（火）

となって、漢が火徳の国家であることが論証される。これに、左氏伝の特徴である漢の祖先を尭の末裔とする論拠を加えると、漢火徳説と漢尭後説《かんぎょうこうせつ》が完成する。

　このように『春秋左氏伝』は、成帝期の国政の重要課題であった天子七廟制の問題を解決するための劉歆の主張に論拠を提供し、基層に春秋長暦を置き、事を主とすることにより、三統暦を正統化した。そして、漢の祖先は堯帝の末裔であるという史伝により、漢火徳説・漢堯後説を実証したのである。

物語から史伝へ

『春秋左氏伝』は、これまでの諸子が物語により自己の主張、あるいはその主張を「経」としてまとめた内容を具体的に説明するという方法論を用いている。そして「春秋長暦」により時間軸を設定して物語を歴史的に表現することで、物語を「史伝」とした。こうして、『春秋』経を解釈する「伝」として、公羊伝・穀梁伝のように「義」ではなく、「事」を用いるというスタイルを取ることで、「経解」の文に加えて、「孔子曰く」などの評価を「史伝」に加えることに成功したのである。

これにより、「史伝」は、物語がある主張を正統化するだけのものであったことに対して、国家や君主家などを歴史的な起源から説明し、それを正統化していけるようになった。物語は史伝となることで、国家を正統化するための神話となり、国家を正統化する歴史へと昇華されていくのである。

こうした『春秋左氏伝』の新たな物語の用い方の有効性が明らかになると、「史伝」に「評価」を加えた書物が、春秋の以前・以後も含めて高い必要性を持つことになる。後世、正史の第一とされる司馬遷の『史記』は、春秋学者である司馬遷が、春秋時代を含めて、中国最初の天子である五帝から司馬遷が生きた前漢武帝期までの「史伝」を「評価」を加えて記した書物である。「史伝」が、時間軸に当てはめた「物語」であることを考えれば、司馬遷の『史記』が物語的に描かれているという評価は、的を射ているものと言えよう。

そこで司馬遷の『史記』を歴史書と認識せず、本来のタイトルである『太史公書』という『春秋』を書き継いだ思想書として、検討していくことにしよう。そこには、何が主張されているのであろうか。

3 「春秋家」

正史の始まり

『史記《しき》』は、前漢《ぜんかん》の司馬遷《しばせん》が著した中国最初の通史である。黄帝《こうてい》から前漢武帝《ぶてい》期までの国家の編年史を「本紀《ほんぎ》」十二巻とし、歴史過程の大綱を示し、それを正確にするために系図と年表を十巻の「表《ひょう》」に示す。そして、儀礼・制度・音楽・天文・暦法・祭祀・治水・経済の分野史を八巻の「書《しょ》」に著し、諸侯の歴史を三十巻の「世家《せいか》」として記す。最後に、多くの人物の伝記を七十巻の「列伝《れつでん》」に叙述し、併せて百三十巻とした。本紀と列伝を本質的な構成要素とする記述形式は「紀伝体《きでんたい》」と呼ばれ、中国の正史は「紀伝体」で書かれていく。

『史記』の著述は、父の司馬談《しばたん》が太史公《たいしこう》の官職に就いたことに始まる。司馬談は、春秋戦国から漢初にかけての明主・賢君・忠臣・死義の士を記録に残した。司馬遷は、太史令になると、太《たい》初《しょ》元（前一〇四）年、父の仕事を承けて『史記』の執筆に着手する。太史令は、太常《たいじょう》の属官で官秩は六百石、その職掌は天文・暦法の他、文章・歴史を掌ることにあった。司馬遷は、公務の余暇に『史記』を執筆したのではなく、太史令の職務の一環として『史記』を著した。司馬遷は、太史令として官庁に保存された各種の史料を読み、死刑を宣告される天漢《てんかん》二（前九六）年までの七年間、太史の官庁で『史記』の執筆に当たったのである。

司馬遷が死刑を宣告されたのは、匈奴《きょうど》に降服した李陵《りりょう》将軍を弁護したことによる。天漢年間（前一〇〇〜前九七年）、漢は匈奴に対して守勢となり、財政的にも困窮の度を増し、匈奴との戦争に内心では反対な公《こう》・卿《けい》（宰相・大臣）もいた。かれらの誰かが、司馬遷が武帝の召問を受けるように手続きをして、司馬遷は匈奴に降服した李陵の弁護をしたのである。武帝が激怒したのは、司馬遷の意見の背後にあった、対匈奴戦の指揮者である将軍、ことに李皇后の姻戚である李《り》広利《こうり》への批判、さらには匈奴政策そのものへの批判が、宮中に潜在していたためであろう。武帝は、こうした批判を封殺するため、司馬遷を極刑に処した。

司馬遷は、『史記』が未完であったため、死刑を免れるために宮刑《きゅうけい》（生殖機能を失わせる刑）を受けた。やがて武帝は、李陵が戦いに死力を尽くしたことを知って後悔する。そのため司馬遷は、受刑の後、太始《たいし》元（前九六）年に中書令《ちゅうしょれい》となり、『史記』の執筆を再開できた。『史記』が一応の完成を見たのは、征和《せいわ》二（前八七）年、前後をあわせ十三年の執筆期間であった。

李陵事件以降、司馬遷は、叙述の期間を延長し、史伝が残る黄帝《こうてい》に始まる五帝から自分が生きる前漢の武帝期までの通史とした。それは、古《いにしえ》の理想的な帝王、無道な帝王を書き記し、武帝に提示するためであった。司馬遷の編纂意図は、李陵事件を機に大きく変わり、武帝への諫戒の書としての性格も持つに至ったのである。

李陵事件以前に取り扱っていた漢初の本紀は、多くが明君として描かれ、賛美の言葉が連ねられる。これに対して、秦始皇《しんしこう》本紀は、批判すべき対象であった。すなわち、李陵事件以前の『史記』は、漢の賛美に主眼があった。ところが、李陵事件以降に執筆した封禅《ほうぜん》書・河渠《かきょ》書・平準《へいじゅん》書・外戚《がいせき》世家・魏其武安侯《ぎきぶあんこう》列伝・司馬相如《しばしょうじょ》列伝・酷吏《こくり》列伝・貨殖《かしょく》列伝の諸篇には、武帝への批判を読み取ることができる。

また、列伝では、李陵事件以前は、個人の成功と失敗は、その学術・才能・性格によるという見方がされていた。これに対して、李陵事件以降は、君主により不当な罪に問われて死し、あるいは逆境を生き抜く個人を同情の眼で見つめている。項羽を本紀に記したことは、こうした文脈で説明されることもあるが、果たしてそうであろうか。

太史公曰く

司馬遷は、孔子《こうし》の子孫の孔安国《こうあんこく》から古文『尚書《しょうしょ》』を受け、班固《はんご》が儒教国教化の立役者と尊崇する董仲舒《とうちゅうじょ》を師として春秋公羊学《しゅんじゅうくようがく》を修めた儒者である。班固は『漢書《かんじょ》』の中に、劉歆《りゅうきん》の「七略《しちりゃく》」

を継承した藝文志《げいもんし》という書物目録を記すが、『史記』を儒家の「春秋家《しゅんじゅうか》」に分類している。『史記』は、歴史書として書かれたのではなく、本来は、『太史公書《たいしこうしょ》』という正式名称を持つ思想書として著されたのである。

司馬遷が『太史公書』を執筆した理由は、『春秋』の「君子曰《くんし》く」を継承し、「太史公《たいしこう》曰く」により、「史の記」（史官の記録）に基づき、自らの思想を表現するためであった。司馬遷の主たる関心は、自らの思想を語ることで、その材料となる「史の記」が、事実であるか、虚構であるかを弁別することは二の次になる。それが、司馬遷が修めた儒教の、具体的には春秋学の歴史に対する立ち位置であった。史学は儒教に従属していたのである。

したがって、「史の記」と称される史伝と、「太史公曰く」で主張される司馬遷の思想とは、必ずしも同じ方向性を持つわけではない。それが、項羽本紀によく示されている。史伝と司馬遷の意見を一つのものとして、項羽本紀の書かれ方をまとめて論じることはできないのである。それでは、有名な史伝の項羽死去の場面を掲げよう。

漢《かん》の五（前二〇二）年、劉邦《りゅうほう》は項羽への総攻撃を開始する。先鋒の韓信《かんしん》は、楚《そ》軍を大敗させる。楚（項羽）の兵力は減り、軍糧は尽き果てた。夜も更《ふ》けてくると、四方から楚の歌が聞こえてくる。

「漢はすでに楚を手に入れたのか。何と楚人《そひと》の多いことか」。項羽は、夜中に起き上がると、帳《とばり》の中で酒を飲んだ。美人が侍《はべ》る。名を虞《ぐ》という。寵愛されて、いつも従っていた。駿馬がいた。名を騅《すい》という。常にこれに乗ってきた。項羽は悲憤慷慨《ひふんこうがい》して、自ら詩をつくった。

力は山を抜き、気は世を蓋《おほ》ふ。　時に利あらずして、騅逝《ゆ》かず。
騅逝かざれば、奈何《いかん》す可き。　虞よ虞よ、若《なんぢ》を奈何《いかん》せん。

歌うこと数回、虞美人もこれに和した。項羽の目からは涙が数行下った。左右の者はみな俯《うつむ》いたまま、顔を上げることができなかった。

『史記』項羽本紀

歌い終わると項羽は、騅《すい》に乗る。従う者はわずか八百騎余りである。漢軍は千金と一万戸の懸賞を掛《か》け、項羽を追った。途中、項羽は一人の農夫に道を尋ねた。農夫の教えた道は、大きな沼地に通じていた。人心は項羽から離れていたのである。それでも項羽は、漢軍を三たび撃破する。「天が我《われ》を滅ぼすのであり、兵を用いる罪ではない」ことを証明するためであった。三度の勝利の後、項羽は烏江《うこう》に辿《たど》り着く。

烏江の亭長《ていちょう》は、船の支度をして待っていた。もう一度、江東に戻り捲土重来《けんどちょうらい》を期すよう項羽に勧める。項羽は、「天が我を滅ぼそうとするのに、なぜ渡れようか」と言い、騅《すい》を亭長に譲った。馬から下りて戦い続けた項羽は、漢軍の中に幼なじみの呂馬童《りょばどう》を見つける。「一万戸をお前にくれてやろう」。項羽は、自ら首を刎《は》ねて死んだ。

『史記』の中でも、古来、愛読されてきた項羽絶命の場面である。「天が項羽を滅ぼす」悲劇が描かれ、たいへん美しい物語である。中国近代文学の祖である魯迅《ろじん》は、「史家の絶唱」という最高の評価を与えている。

しかし、『史記』を歴史書、しかも事実を記すことを重要な使命とする西欧近代的な歴史書としてこの場面を読むと、詩を聞いていたのは誰か、亭長との話を後世に伝えたのは誰か、といった事実関係は曖昧である。項羽の伝記は、果たして事実を記録したのか、という疑問を抱かざるを得ない。このため、司馬遷の取材した「項羽劇」により項羽本紀は書かれたとされ、項羽の詩は悲劇のクライマックスで歌われるアリア（劇中歌）であると主張された。いずれにせよ、項羽の悲劇を美しく描いた「史伝」（歴史物語）であることに疑いはない。

司馬遷は、皇帝に就かなかった項羽を世家ではなく本紀に記録した。「暴秦」を打倒した功績を高く評価するのである。ところが「太史公曰《たいしこういわ》く」では、史伝とは異なる方向性により、項羽を次のように厳しく批判している。

（太史公曰く）項羽は、ほんのわずかな封土すら持っていたわけではないが、勢いに乗じて民間から起こり、三年で（斉《せい》・趙《ちょう》・韓《かん》・魏《ぎ》・燕《えん》の）五諸侯を率いて秦《しん》を滅ぼした。天下を分割して王と諸侯を封建し、政令は項羽から出て、（自ら）覇王《はおう》と号した。（覇王の）位は守れなかったとはいえ、近ごろではかつてなかったことである。（しかし、秦を攻撃する際の）約束に背いて関中《かんちゅう》に劉邦《りゅうほう》を王とせず、楚《そ》を懐しみ（東に帰り彭城《ほうじょう》を都とし）、義帝《ぎてい》を放逐して自立するに及び、王や諸侯が自分に背いたのを恨んだのは責められよう。自ら戦勝の功績を誇り、その個人の智恵だけに頼って、古《いにしえ》（の聖王）を手本としなかった。（聖王ではなく）覇《は》王《おう》の業だけを追い求め、武力の征伐により天下を経営しようとした。（そのため、わずか）五年でその国を滅ぼし、その身は東城《とうじょう》に死んだ。それでもなお悟らずに、自らの過ちを責めなかった。かえって「天が我を滅ぼすのであり、兵を用いる（方法を過った）罪ではない」と述べるのは、何と誤りではないか。

『史記』項羽本紀

司馬遷は、項羽本紀の史伝部分では、「天が我を滅ぼすのである」という項羽の言葉を繰り返して記している。天に滅ぼされる項羽の悲劇に対して、史伝は同情的である。ところが、「太史公曰く」では、項羽が己の非を悟らず、自らを責めず「天が我を滅ぼすのであり、兵を用いる罪ではない」としたのは、何と誤りではないか、と厳しく項羽を批判する。前漢《ぜんかん》に生きる司馬遷は、項羽の悪を示すことで、漢が成立した必然性を主張するため、『太史公書』の項羽本紀《こううほんぎ》を著したのである。項羽を同情的に描く史伝と、項羽を批判する「太史公曰く」との不整合は、前者があくまで後者の材料に過ぎなかったことを示す。司馬遷は、項羽の悲劇が客観的に正しい事実であるか否かを書きたい訳ではない。伝えられていた項羽の話、それが伝説であっても、それを踏まえた自らの主張を述べることが、思想書である『太史公書』の執筆目的なのである。司馬遷が董仲舒《とうちゅうじょ》から学んだものは、『春秋公羊伝《くようでん》』であったが、『太史公書』の書法は、史伝に「孔子曰く」や「君子曰く」を加えて史伝への評価を示す『春秋左氏伝《さしでん》』に近い。

獲麟

『史記』が『春秋』を書き継いでいることは、その終わり方にも見ることができる。『後漢書《ごかんじょ》』班彪《はんぴょう》伝に引く『後伝《こうでん》』は、司馬遷の記事の範囲を黄帝《こうてい》から獲麟《かくりん》（聖獣である麒麟《きりん》が捕らえられて死ぬこと。その国家の滅亡の予兆）までと伝えている。この「獲麟」について、班彪伝の李賢《りけん》注は、武帝の太始《たいし》二（前九五）年のことで、司馬遷は『史記』を著し、この年に執筆を終えた、と説明する。現在、司馬遷の著した武帝本紀《ぶていほんぎ》は失われており、『史記』が太始二年の獲麟で筆を擱《お》いたか否かは確認できない。ただ、獲麟で擱筆《かくひつ》したことは、『史記』太史公自序にも明記されている。

　獲麟で終わることは『春秋』も同じである。哀公《あいこう》十四（前四八一）年、孔子が獲麟の記事で『春秋』を擱筆することについて、『春秋公羊伝』は、獲麟を聞いた孔子が嘆き、「わたしの道は窮まった」と言ったとする。これは、『史記』孔子世家にも記されている。その後、『春秋公羊伝』は、隠公《いんこう》に始まり哀公に終わる『春秋』が、なぜ作られたのかに議論を進める。孔子は、漢が周の滅亡後の大乱を終わらせると知っていたので、乱を収めるための法《ほう》（制度・原則）を作って漢に授けた、それが『春秋』である、と春秋公羊学は説明する。すなわち、孔子は、獲麟を機に周の滅亡を感じ、『春秋』の執筆を始めた、とされているのである。

　春秋公羊学を修めた司馬遷が、獲麟で筆を擱いたのであれば、司馬遷は漢の滅亡を感じ、孔子の『春秋』と同様に『太史公書』を著し、乱を収めるための法を描いて、後王《こうおう》にそれを遺《のこ》そうとしたことになる。事実、太史公自序の文末には、『太史公書』を著して「後世の聖人・君子を俟《ま》つ」と記されている。この字句は、『春秋公羊伝』哀公十四年の「春秋の義を制して、以《もっ》て後聖・君子を俟つ」を踏まえている。司馬遷が『春秋』を継承して『太史公書』を著し、それを後王に伝えようとしたことは明らかである。司馬遷の外孫で春秋学を修め、『太史公書』を世に広めた楊惲《ようらん》は、『太史公書』を『春秋』である、と認識している。

しかし、司馬遷は、自ら『太史公書』は『春秋』ではないと明言していた。『春秋』であれば、漢の滅亡を予感し、後王のために『太史公書』を著したことになり、漢への誹謗《ひぼう》となることによる。となれば、『太史公書』が『春秋』であるか否かを考える際に重要なことは、司馬遷のいう「史の記」と『春秋』の「行事《こうじ》」との関係となる。『春秋』の「行事」は、魯国の「史の記」（史官の記録）に書かれていた往時の記録であり、それに「空言《くうげん》」である「春秋の義」を加えて是非を弁じたものが、孔子の『春秋』である。司馬遷が『太史公書』を『春秋』ではない、と言うのであれば、『太史公書』は「空言」にあたる「春秋の義」を示していない、すなわち、是非を論じていない、ということになる。

ところが、『太史公書』は、項羽本紀で検討したように、「太史公曰く」として、自ら集め著した「史の記」に是非を加えている。『太史公書』は、『春秋』となるべき資格を備えているのである。ただし、『太史公書』は、故事を述べ、世伝を整理しただけで「作」ってはいない、すなわち『春秋』のように「制作」してはいない。このため、『太史公書』は『春秋』ではない、と司馬遷は弁明しているのである。

だいぶ苦しい弁明だが、『太史公書』を『春秋』にしないための努力は他にもある。司馬遷は、北宋《ほくそう》の司馬光《しばこう》が著した『資治通鑑《しじつがん》』のように、『春秋』を書き継いで戦国《せんごく》時代から始めることも、編年体《へんねんたい》という『春秋』の体裁を踏襲することもなかった。『春秋』の継承であることを明らかにしないためである。それでも、『太史公書』は、「史の記」には止まらず、『春秋』の継承書としての性格を明確に持っている。それは、司馬遷の『史記』の執筆目的そのものが、『春秋』を編纂したとされる孔子の執筆目的を継承しているためなのである。

4　名を記す

天道 是か非か

『太史公書』の列伝第一に置かれる伯夷《はくい》列伝は、末尾の太史公自序《たいしこうじじょ》第七十と呼応する、列伝全体の序文である。伯夷列伝で司馬遷は、「天道 是《ぜ》か非《ひ》か」（天道は正しいのか否か）と問いかけている。

伯夷列伝は、通常とは異なり、司馬遷の序から始まる。序では、孔子が伯夷と叔斉《しゅくせい》のことを伝える『論語《ろんご》』を引用する。『論語』だけは、書き下しで掲げよう。

> 孔子は、「伯夷・叔斉《しゅくせい》、旧悪を念《おも》はず、怨み是《ここ》を用《もっ》て希《まれ》なり」と言った。また（ふたりは）「仁を求めて仁を得たり。又何《なん》ぞ怨まんや」と言った。（しかし）余《わたし》は伯夷の思いを悲しむ。かれが残した「采薇《さいび》の詩」を見ると（恨まなかったという孔子の言葉を）疑わしく思うのである。その伝は次のようである……。
>
> 『史記』伯夷列伝

司馬遷は、『論語』の公冶長《こうやちょう》篇と述而《じゅつじ》篇から、伯夷・叔斉は怨んでいなかった、という孔子の言葉を引く。そのうえで、自分は伯夷の思いを悲しみ、「采薇の詩」を見ると、怨んでいないという孔子の言葉を疑わしく思う、とする。これに続けて、伯夷・叔斉の史伝が述べられる。史伝は短く、次のような内容を伝えるだけである。

伯夷・叔斉は、殷《いん》末・周《しゅう》初の孤竹《こちく》国の王子である。兄の伯夷は、父の遺志により王位を弟の叔斉に譲ろうとしたが、叔斉は長幼の序を重んじて受けなかった。王位を譲り合い、孤竹国を出奔した二人は、周に身を寄せる。しかし、周の武王《ぶおう》が、殷の臣下でありながら紂王《ちゅうおう》を討伐しようとすると、それを不忠と批判する。殷が滅亡すると、周の粟《ぞく》を食べることを恥じ、首陽山《しゅようざん》に入り薇《わらび》を食べて生活したが、やがて餓死する。

このような史伝の後、司馬遷は、父の司馬談《しばたん》が尊重する『老子《ろうし》』の言葉を掲げ、それも否定する。『老子』第七十九章の「天道は善人に味方する」という言葉について、伯夷・叔斉の事例の他に、孔子が最も愛した顔回《がんかい》が早く亡くなり、それに対して大悪党の盗跖《とうせき》が大往生を遂げた事例を挙げて、疑義を呈《てい》するのである。「天道《てんどう》、是《ぜ》か非《ひ》か」と。

司馬遷が列伝の冒頭から、董仲舒《とうちゅうじょ》・孔安国《こうあんこく》から教えを受けた孔子の言葉に疑問を記し、父の尊重した『老子』の言葉に疑義を呈するのは、穏やかではない。そこまでして、司馬遷が列伝の冒頭で述べたかったのは何故であろうか。もちろん、「天道 是か非か」を重視し、司馬遷の思想を探ることもできる。匈奴に敗れた李陵を弁護し、前漢の武帝から宮刑に処された司馬遷が、人間の運命の悲劇を述べた、と捉えることは可能である。

しかし、司馬遷の最も重要な主張は、「天道 是か非か」の後の、「君子は世を没《を》へて名の称せられざるを疾《うれ》ふ」（『論語』衛霊公篇《えいれいこう》）という孔子の言葉を引用した、そのさらに後に、次のように記されている。

伯夷・叔斉は賢者であったが、孔子に記録されることで、名声はますます顕《あらわ》れた。顔回は篤《とく》学《がく》であったが、（孔子の）驥尾《きび》に附すことで、行いがますます彰《あら》われた。……行いを磨き名を立てようとする者も、盛名の人に記録されなければ、どうして後世に名を伝えることができるだろうか。

『史記』伯夷列伝

司馬遷は、自らの宮刑という運命を受けて、孔子の言葉に疑義を呈した。それでも、孔子によって伯夷・叔斉の生き方が伝えられることで、二人は名を残し、運命による悲劇は救済された。「天道 是か非か」と叫ばざるを得ないような運命による人間の悲劇、それを救済するものとして、司馬遷は記録による伝承を重視したのである。

このため司馬遷は、孔子の『春秋』制作を規範に「行事《こうじ》」（人々の行動の記録）を伝え、それに「太史公曰く」から始まる自分の意見を付けることで、自らの価値観を後世に遺すと共に、人々の生を意義づけるために『太史公書』を著した。それが、列伝末尾の太史公自序にある「名山に蔵《かく》」してでも、『太史公書』を後世に伝えていきたい、という思いに呼応している。

記録するという人間の力により、天道に翻弄される人間の運命の儚《はかな》さを乗り越えられる。それを信じ、孔子が史官の記録に「春秋の義」を加えた『春秋』という本を著したのと同じように、後世に伝えるべき「行事」に「太史公曰く」として自らの思想を加えて後世に遺したい。これこそ司馬遷が『太史公書』を執筆した目的であった。

孔子の願い

それでは司馬遷は、孔子が『春秋』を著した理由を『史記』に明記しているのであろうか。孔子は、高く評価されて諸侯の記録である「世家《せいか》」に、孔子世家として記される。すでに述べたように、太史公自序で、司馬遷は、孔子世家を立てた理由について、孔子が天下のために王道の達成と経術により、「乱世を匡《ただ》してこれを正道にかえ」そうとしたことに求めている。司馬遷は、『太史公書』に孔子を記録することで、『春秋』で孔子が伯夷などを救ったように、不遇であった孔子の運命を救いあげようとしたのである。世家に孔子を列し、後世に伝えることが、孔子の「君子は世を没《を》へて名の称せられざるを疾《うれ》ふ」という言葉への、儒者司馬遷の答えであった。司馬遷は、孔子世家により、孔子の事跡を後世に伝えようとしたのである。

孔子世家では、孔子が『春秋』を制作した契機と執筆動機は、すでに述べたように、獲麟《かくりん》を見て自分の道が窮まったことを知り、世に自分を知るものは「天」しかなく、後世に名を知られるために、「史官の記録（史の記）」により『春秋』を作った、とされている。その際、「史の記（原文は史記）」という用語が使われることには注目すべきである。『春秋』を継承する『太史公書』もまた、「史記」という歴史書ではなく、あくまでそれを材料とする思想書であることが分かるからである。

また司馬遷は、孔子の『春秋』執筆の意図を董生《とうせい》（董仲舒先生）の見解を引用しながら、次のように説明している。

余《わたし》が董生から聞いたところでは、「……①孔子は（自らの）言葉が用いられず、正しい道が行われないことを知ると、（魯《ろ》の隠公《いんこう》から哀公《あいこう》までの）二百四十二年の記録に是《ぜ》か非かを述べ、それにより天下の儀表とした。……孔子は、「わたしは②規範を空言《くうげん》〔理念〕として記すよりは、それを行事《こうじ》（事実の記録）に著す方が深く適切で明確になると考えた（ので『春秋』を著した）」と言った」という。『春秋』は、上は三王（夏《か》の禹《う》王・殷《いん》の湯《とう》王・周の文王）の道を明らかにし、下は人事の紀《のり》を示し、疑わしいことを分かち、是非を明らかにし、ためらいを定め、善を善《よみ》し悪を悪《にく》み、賢を賢とするもので……③王道の大いなるものである。……④春秋は是非を弁ずるものである。このため人を治めることに長所がある。……⑤春秋はそれにより義《ぎ》を言うものである。⑥乱世をおさめこれを正道に戻すには、『春秋』より手近なものはない。

『史記』太史公自序

①に述べられる孔子の『春秋』執筆の動機は、『孟子《もうじ》』滕文公章句《とうぶんこうしょうく》下に述べられる執筆動機にも近いが、『孟子』は「春秋（の執筆）は天子の（行う）事」と位置づけている。これに対して、司馬遷が引く董仲舒の言葉は、『春秋』の執筆を「天子の事」とはしない。董仲舒はあくまで、孔子を素王《そおう》とするのである。司馬遷の『春秋』観は、『孟子』ではなく、董仲舒に基づく。それは、②の孔子の言葉が、『論語』・『孟子』などにはなく、董仲舒とその後学の主張をまとめた『春秋繁露《しゅんじゅうはんろ》』に引用される孔子の言葉に近いことからも明らかである。ここでは、「空言《くうげん》」との対比で『春秋』が「行事《こうじ》」を表現するものとされている。

そして、司馬遷は『春秋』を③「王道の大いなるもの」と位置づけたうえで、他の儒教経典《けいてん》と比較しながら、その特長を④「是非を弁ずる」点にあるとする。『春秋』で「王道」のために示す「是非」の判断が、『春秋』に記された⑤春秋の「義《ぎ》」である。このため、『春秋』は、⑥「乱世をおさめこれを正道に戻すには、『春秋』より手近なものはない」と位置づけられる。⑥の言葉は、『春秋公羊伝』哀公《あいこう》十四年を典拠とする。しかも、『史記』高祖本紀《こうそほんぎ》では、臣下たちが、劉《りゅう》邦《ほう》に皇帝即位を勧める文章に、この言葉を引用している。司馬遷は、高祖の天下平定において、最も有効な原理が『春秋公羊伝』に示されている、と考えたのである。そして、素王の孔子が、自己の評価を定めるものとまで『春秋』を重視するのであるから、孔子の理想である王道を布《し》かんとする漢は『春秋』、とりわけ『春秋公羊伝』を最も重視すべきである、と司馬遷は主張する。それは、師の董仲舒と同じ考えであった。このために司馬遷は、『太史公書』を著し、『春秋』を継承したのである。

　しかし、やがて司馬遷の『太史公書』は、『史記』と呼ばれるようになる。後漢末の霊帝《れいてい》期のころである。このころ後漢「儒教国家《じゅきょうこっか》」は、黄巾《こうきん》に新たなる「黄天」の到来を喧伝《けんでん》されるほど、正統性を失いつつあった。そうした中、司馬遷の『太史公書』は、「史の記」に基づき思想を語る書から、『史記』すなわち史書として認識されるようになった。中国書物の分類法が、史書を重視する「経《けい》（儒教）・史《し》（史学）・子《し》（諸子）・集《しゅう》（文学）」の四部分類に変わるのは、魏晋期まで待たなければならない。三国時代（二二〇～二八〇年）になって、ようやく史学は、儒教の軛《くびき》を脱し始めるのである。

　それでは、それ以前、後漢「儒教国家」の真っ只中に書かれた班固の『漢書』と、後漢「儒教国家」の特徴となる讖緯《しんい》思想を中核とする「蜀学《しょくがく》」という儒教を学んだ陳寿《ちんじゅ》の『三国志』は、儒教とのいかなる関係において、歴史を記したのであろうか。

第六章　儒教と史学

1　『尚書』を受け継ぐ

班固の『漢書』

後漢《ごかん》の班固《はんご》が著した『漢書』は、本紀《ほんぎ》十二巻・列伝七十巻・表《ひょう》八巻・志《し》十巻の百巻よりなり、前漢《ぜんかん》の高祖《こうそ》劉邦《りゅうほう》から王莽《おうもう》に至る時期を扱う。ただし、前漢を滅ぼして新を建国した王莽は列伝《れつでん》として扱い、その即位を認めない。

『漢書』は、父の班彪《はんぴょう》が司馬遷《しばせん》の『史記』を書き継いだ『後伝《こうでん》』を起源とする。班彪の叔父である班斿《はんゆう》は、漢の宗室である劉向《りゅうきょう》と共に、秘府《ひふ》（宮中の書庫）の校書《こうしょ》（本の校勘と整理）にあたり、朝廷から『史記』を含めた秘府の副本（コピー）を下賜されている。それが執筆を可能にした条件であった。

班固は父の死後、『後伝』の続修を始めるが、「家で国史を改作している」と密告されて獄に繫がれ、著書と蔵書を没収される。史書は、国家が編纂すべきものとされていたのである。西域《せいいき》の平定に活躍していた弟の班超《はんちょう》が兄を救うことを上書で請願し、後漢第二代皇帝の明帝《めいてい》が、著述の出来ばえに感心したこともあり、班固は釈放された。そして、改めて明帝の命を受け、班固は『漢書』の本格的な執筆を開始する。以後二十年の歳月を費やし、章帝《しょうてい》の建初《けんしょ》年間（七六〜八三年）に、『漢書』は一応の完成をみた。

一方で、班固は大将軍の竇憲《とうけん》に従い、北匈奴《きたきょうど》の討伐に従軍している。しかし、永元《えいげん》四（九二）年、和帝《わてい》が、専権を振るう竇憲を誅殺すると、連坐して獄死する。未完であった八表と天文志は、妹の班昭《はんしょう》と馬続《ばぞく》が完成させた。

班固の司馬遷批判

班固は、『史記』と重複する漢初から著述を始め、前漢という時代全体を書いた。これを断代史という。『史記』の記述を書き換えたのは、班固が司馬遷の『史記』に不満があったことによる。班固は、『史記』を次のように批判している。

古《いにしえ》に文字が作られてより史官は存在し、その文献は多い。①孔子はこれを編集し（て『尚書』をつくり）、上は尭《ぎょう》から始め、下は秦《しん》の繆公《ぼくこう》までを書いた。尭・舜《しゅん》以前は、遺文があるとはいえ、その言葉は経典《けいてん》とは異なる。このため（司馬遷は）黄帝《こうてい》・顓頊《せんぎょく》のことを述べたが、明らかではない。②孔子が魯《ろ》の史官の記録により『春秋』を作るに及び、左丘明《さきゅうめい》はそれが基づくことを論じ集めて『（左氏）伝』をつくり、また異同を撰して『国語《こくご》』をつくった。……司馬遷は、『左氏伝』『国語』に拠り、『世本《せほん》』『戦国策《せんごくさく》』から取り、『楚漢春秋《そかんしゅんじゅう》』を引き、その後を続けて、天漢《てんかん》年間（前一〇〇〜前九七年）までを書いた。その記録は秦と漢に詳しい。（しかし）経書《けいしょ》とその伝から取る際に、数家の記事を分散して用い、③たいへん間違いが多く、あるものは矛盾している。……④大道を論じては黄老《こうろう》を先にして六経《りくけい》を後にし、遊俠《ゆうきょう》を序列しては処士《しょし》を退けて姦雄《かんゆう》を進め、貨殖《かしょく》を述べては権勢と利益を尊重して貧賤を恥じた。これが（司馬遷の）蒙昧《もうまい》な点である。

『漢書』司馬遷伝

班固は、孔子の編纂書として司馬遷の重視した②『春秋』よりも、①『尚書』を先に掲げて重視している。班固は、『尚書』こそ、古の史官が残し、孔子がそれを編纂した史書であり、①「上は尭から始め、下は秦の繆公」に終わる『尚書』の記述範囲こそが、信頼できる記録である、と『尚書』を尊重している。

そして、班固は、司馬遷の著書に③誤りが多いことと、④黄老《こうろう》思想を尊重し、五経《ごきょう》を軽んじて儒教を価値基準の中心に置かないことを批判する。このため『漢書』は、資料・作品を原文どおりに誤りなく掲げ、人名・地名表記を統一し、紀伝体《きでんたい》の体裁を整えたうえで、何よりも儒教を価値基準の中心に置くことに特徴がある。

『尚書』を継承

班固は、儒教経典の中でも『尚書』を模範に『漢書』を著したことについて、『漢書』の執筆方法を述べる「叙伝《じょでん》」の中で、次のように説明している。

固《わたくし》が考えますに、唐《とう》（尭）・虞《ぐ》（舜）・三代《さんだい》（夏・殷・周）のことは、『詩経《しきょう》』・『尚書《しょうしょ》』に記され、代々記録があります。尭・舜は盛んな徳を持っていたとはいえ、①典《てん》・謨《ぼ》の諸篇があって、はじめて名声を後世に揚げ、徳を百王の冠とできたのです。このため（『論語』泰《たい》伯《はく》篇に）、「②巍巍乎《ぎぎこ》として其れ成功有り、煥乎《かんこ》として其れ文章有り〈尭の統治は〉高大であり功績があった。輝かしく文化と制度を立てた）」と言うのです。漢は、尭の命運を継いで、帝業を建てましたが、六世（の武帝）に至って、史臣（の司馬遷）がようやく功徳を追述し、私的に本紀を作りましたが、百王（多くの王たち）の末に編《あ》み入れて秦《しん》（の始皇帝《しこうてい》）や項羽《こうう》の列に並べ、太初《たいしょ》年間（前一〇四～前一〇一年）より以後は、欠けて記録がありません。そこで③前代の記録を探り選び、伝聞したことを綴《つづ》り輯《あつ》めて、『漢書』を述べました。

『漢書』叙伝

班固が『尚書』を尊重して『春秋』を規範としないのは、『春秋』が魯の年代記、すなわち諸侯の史伝を基礎とするためである。漢は、皇帝であり、諸侯ではない。したがって、「漢の書」の模範とすべきは、尭・舜の「名声を後世に揚」げた①「典・謨の諸篇」である。「典・謨」とは、『尚書《しょうしょ》』の尭典《ぎょうてん》篇・舜典《しゅんてん》篇の他、大禹謨《だいうぼ》篇・皐陶謨《こうようぼ》篇・益稷《えきしょく》篇を指し、最初の二篇が尭・舜の事跡を記録している。だからこそ班固は、『漢書』の模範を『尚書』の「典・謨」に求めているのである。そもそも『漢書』という書名は、「漢」の『尚書』（通常は『書』と呼ぶ。『書経』と呼ぶのは南宋以降）という意味である。班固の『漢書』も、司馬遷の『史記』が『太史公書』という『春秋』を継承する思想書であったように、『尚書』を規範とする儒教の影響下に記された書物なのである。

続けて班固は、『論語』泰伯篇の②堯の「成功」は、『尚書』堯典篇という輝かしい「文章」によって伝えられたという、孔子が文章の重要性を説く章を引用する。漢は、堯の命運を継いで、帝業を建てたにも拘《かかわ》らず、武帝の「史臣」司馬遷が私的に本紀を作り、漢を百王の後に置き、秦や項羽と同列視した。班固は、このため『漢書』を③「述」べた、というのである。「述」という文字は、『論語』述而《じゅつじ》篇にある、孔子は「述べて作ら」なかったという文章を踏まえている。司馬遷が、孔子が『春秋』を著したことに自らを準《なぞら》えたように、班固もまた、自らの著述を孔子のそれに準えているのである。

孔子が、堯の功績を「述」べたものは、『春秋』ではなく『尚書』である。班固は、孔子が堯から秦までを百篇の『尚書』に述べたと『漢書』藝文志《げいもんし》（目録）でも明記する。班固が高祖《こうそ》（劉邦）から王莽《おうもう》までを『尚書』と同じ百巻の『漢書』に「述」べたのは、このためである。『春秋左氏伝』に基づき劉歆が完成した漢堯後説によれば、高祖は堯の末裔だからである。班固は、『史記』が『春秋』を書き継ごうとしたことを「諸侯」を規範とした私的な記録に過ぎないとみなし、『尚書』を継承して『漢書』を述べた。それは孔子の『尚書』編纂に匹敵する営為であった。

また、班固は、尭の典（常法）を漢が受け継ぎ、それを引き伸ばしたことを称《たた》える賦《ふ》（典拠を駆使した美文）である「典引《てんいん》」においても、尭の徳を称えている。具体的には、尭の後裔である漢のために、孔子が法を準備したことを次のように表現している。

上は天の法則を考え、下は龍翼《りゅうよく》（稷《しょく》や契《せつ》など優れた輔佐の臣）を受け、それが①典《てん》・謨《ぼ》に明らかにされ、徳の冠首として卓絶する者は、②陶唐《とうとう》（尭）より尊いものはない。陶唐は、その子に伝えず、有虞《ゆうぐ》（舜）に譲った。……天はその功績を元首（の尭）に帰し、③（尭の後裔である）漢の劉氏に授けようとした。……（漢が天下を支配するのは）天命を受けた正統の天子であり、謙譲の徳のある尭の後を継ぎ、火徳のよき精を蓄え、④孔子が述べた教えを受け継いだためである。広大にして盛んな漢の徳は、まことに帝王の優れた道であり、⑤誥《こう》・誓《せい》も及ばないものである。

『文選《もんぜん》』符命《ふめい》 典引

班固は、このように漢の正統性を言祝《ことほ》いでいる。すなわち、②尭《ぎょう》が受けた天の法則と優れた輔佐の臣下は、『尚書』の①「典《てん》・謨《ぼ》」に明記されている。孔子は、それを③漢の劉氏に授けようとした。そして、孔子が『尚書』を編纂して、尭の徳を④漢へと受け継いだことで、漢は天下を支配できた。その漢の盛徳は、⑤「誥《こう》・誓《せい》」（典・謨に続く『尚書』の諸篇）に記された諸王も及ばない、とするのである。そうであれば、尭にも比肩する漢の盛徳を後世に伝えねばならない。そのために述べられたものが、『漢書』なのである。

班固の『漢書』は、『尚書』の「典・謨」を継承する。たとえ『尚書』であっても周の記録である衆「誥・誓」などでは及ばない、後の帝王が儀法とすべき、漢の「帝王の優れた道」を伝える漢の「尚書」が『漢書』であった。『漢書』各巻の末尾に記される班固の言葉が、『春秋』の「君子曰く」や、それを継承した『史記』の「太史公《たいしこう》曰く」という批評ではなく、「賛《さん》」という賛美として表現されることは、『漢書』が漢を賛美し、その規範を示した書物であることを端的に物語る。

班固が司馬遷の尊重した『春秋』ではなく、帝王の書である『尚書』を尊重した背景には、『春秋左氏伝《しゅんじゅうさしでん》』が、前漢を滅ぼした王莽の国政運用に利用されたことへの嫌悪がある。『史記』への反発も、王莽が司馬遷の後裔を探して「史通子《しつうし》」に封建したことに求めることもできる。あるいは逆に『尚書』の尊重した理由に、光武帝が太学《たいがく》で『尚書』を専門に学んだことを挙げてもよいであろう。

それよりも重要なことは、両者の経典としての性質の違いにある。『春秋左氏伝』は、春秋時代（前七七〇～前四〇三年）を賛美するためではなく、春秋時代を題材に「君子曰く」などの評により、時代への毀誉褒貶《きよほうへん》を明らかにし、それを鑑《かがみ》に現世を警告するために書かれた。これに対して、『尚書』は、聖王の言葉を書き留めることにより、聖王の御世《みよ》を賛美し、それを現世の規範とするために書かれた。漢を聖王の御世と位置付けたい班固が、『尚書』を継承するのは、当然のことであった。

こうした執筆意図を持つ『漢書』は、今日的な意味での正確な史実を述べる必要性を持たない。後漢を筆頭とする後世が、鑑戒《かんかい》とすべき「在るべき姿」として、前漢を描いたのである。そうした意味では、『漢書』は、『春秋左氏伝』や『史記』の「史伝」の用い方を継承している。それが最も明確に現れているのが、班固が、董仲舒の献策により武帝期に儒教が「一尊」されたとすることである。具体的にみていこう。

2　漢の賛美と王莽の否定

二つの董仲舒伝

『史記』を著した司馬遷は、董仲舒から春秋公羊学を受けているが、『史記』の董仲舒伝には、董仲舒の献策により儒教が「一尊」化されたことは記されず、わずか三一八字からなる小さな伝記である。これに対して、『漢書』の董仲舒伝は、その二十三倍にあたる七二二五字もの大篇となっている。そして、基本的な事実は『史記』を踏襲している『漢書』の董仲舒伝において、『史記』と重複しない「天人三策」と称される上奏文の末尾に、儒教を「一尊」すべきとの主張が次のように記されている。

『春秋』で一統を大《とお》ぶのは、それが天地の常道であり、古今の通義であるからです。いま師は道を異にし、人は論を異にし、百家は方法を殊《こと》にして、指意が同じではありません。そのため上は一統を保持できず、法制がしばしば変わるため、下は何を保守すべきかを知りません。臣愚《わたくし》が考えますに、もろもろの六藝の科目や孔子の学術ではないものは、すべてその道を絶ちきり、みな進ませないようにすれば、邪《よこしま》で辟《かたよ》った説は絶滅し、その後に統紀は一つとなり、法度は明らかになって、民は従うところを知るでしょう。

『漢書』董仲舒伝

董仲舒は、ここで「六藝の科目や孔子の学術」、すなわち儒教以外のすべての学術の道を断ち切り、儒教を一尊すべきことを主張している。この上奏文は、武帝に嘉納され、儒教の国教化が成立した、と従来は主張され、『世界史』の教科書にも、そのように書かれてきた。しかし、「天人三策」という三つの上奏文からなる董仲舒の対策文は、内容に年代的な矛盾があり、「天人三策」とよばれる「対策」（皇帝の策問に応える上奏文）が提出された年代についても、多くの学説が提出されている。しかし、いずれの説も必ず年代上や内容上の齟齬や矛盾が生ずる。たとえば、第二策に含まれる康居国（タシケント付近）は、張騫により武帝の末期に初めて中国に伝えられる国名であり、董仲舒の上奏年には知られていない国であった。それでは、『漢書』が記すように、前漢の武帝期を機に、儒教は一尊されて、それ以外の学問は廃れたのであろうか。

儒教の国教化

前漢の武帝期に、最高位の官僚層である三公九卿《さんこうきゅうけい》には、儒教を学んだ官僚は約二％しか含まれない。太子のときに、父の宣帝から「漢家は王道と覇道を合わせ用いてきた。儒教に溺れてはならぬ」と苦言を呈された元帝のときでも、儒教を学んだ官僚は、約二七％に過ぎない。しかも、元帝のときには、儒教にとって最も重要な天の祭祀をどこで行うべきかの議論が続き、それすら定まっていなかった。これに対して、後漢の公卿層を調査すると、初期（光武帝〜章帝期）で七七％、中期（和帝期〜党錮の禁）で七六％、後期（党錮の禁〜黄巾の乱）で八三％、末期（黄巾の乱〜）ですら五一％という数値を得る（渡邉義浩『後漢国家の支配と儒教』雄山閣出版、一九九五年）。儒教の公卿層への普及を「儒教の国教化」の指標とするのであれば、後漢初期にそれを求めることが相応しい。

儒教が国家の政治理論として絶対的な地位を得て、儒家の主張する礼説によって国家の祭祀が改革されたのは、前漢を簒奪した王莽のときであるが、王莽の建国した新は、わずか十五年で滅亡し、儒教を国教化したという実態が伴わない。王莽の後、漢を再興した光武帝劉秀とその子の明帝のときには、漢の国制に即した経義の整備を儒教はまだ続けていた。後漢の第三代皇帝である章帝は、白虎観会議《びゃくこかんかいぎ》を主宰して、儒教の経義を統一すると共に漢の国制に合わせ、思想内容としての体制儒教を確立する。また、すでに掲げた『春秋左氏伝』の「寛猛相済」を典拠とする儒教的支配である寛治も章帝の詔から開始された。その結果、後漢の章帝期には、⑴思想内容としての体制儒教の成立、⑵制度的な儒教一尊体制の確立、⑶儒教の中央・地方の官僚層への浸透と受容、⑷儒教的支配の成立という「儒教国家」の構成要素を持つことになった。こうして「儒教国家」が成立した後漢の章帝期にこそ、儒教の国教化の完成を求めることができるのである。

班固は、『漢書』を著す一方で、天下の儒者が、国制のあり方や社会規範に対する五経《ごきょう》の解釈について討議した白虎観《びゃくこかん》会議の記録を『白虎通《びゃくこつう》』にまとめている。この書は、後漢「儒教国家」の教科書と呼びうるほどに普及した。儒教の国定教科書をまとめられるほど、班固は儒教に精通していたのである。

また、班固は大将軍の竇憲《とうけん》に従い、北匈奴《きたきょうど》の討伐に従軍している。したがって、匈奴を華々しく撃破した武帝を高く評価する。宮刑を受けさせた武帝を恨む司馬遷の『史記』とは異なり、班固は武帝紀の「賛」で次のように武帝を絶賛している。

賛にいう、漢は百王が弊政をした後を受けて、高祖《こうそ》は乱を収めて正に反《かえ》した。文帝《ぶんてい》・景帝《けいてい》は民生の涵養《かんよう》に努めたが、古《いにしえ》を考え礼を整えることは、なお欠けていた。武帝《ぶてい》が立つに及んで、はじめて百家の雑説を退け、六経《りくけい》を顕彰し、そうして海内に広く諮《はか》り求めて、俊秀の人材を挙げ用い、これらと共に功業を立てた。太学《たいがく》を興し、郊祀《こうし》を修め、正朔《せいさく》を改め、暦数を定め、音律を協《ととの》え、詩楽を作り、封壇を建て、百神を礼祀し、周の後を継いで、この号令・文章を述べ明らかにした。武帝の後嗣も父の大業に従って、夏・殷・周三代の風がある。武帝の雄才・大経綸のごときは、文帝・景帝の恭倹を改めずに、斯民《しみん》を救った。『詩経《しきょう》』『尚《しょう》書《しょ》』に称《たた》えられていることも、どうしてこれを超えられようか。

『漢書』武帝紀賛

『世界史』の教科書のイメージなのか、前漢の武帝と言えば、衛青《えいせい》・霍去病《かくきょへい》が活躍した匈奴《きょうど》との戦いが想起されるが、班固の「賛」は、それについて一言も触れない。あるいは、後に劉歆《りゅうきん》が『春秋左氏伝』を用いて議論を方向づけた「天子七廟《てんししちびょう》制」の問題の際にも、「宗」として不毀廟《ふきびょう》にするか否かの対象となったのは武帝であった。すなわち、前漢では、武帝の評価はそれほど高くなかったのである。

その武帝を『詩経《しきょう》』『尚書《しょうしょ》』に称《たた》えられている聖王を超える皇帝である、と班固は賛美する。その論拠として、筆頭に掲げられるものが、董仲舒《とうちゅうじょ》が「天人三策《てんじんさんさく》」で述べたとする「百家の雑説を退け、六経《りくけい》を顕彰」したことであった。それに続く文章も、儒教をいかに振興したかという記述であり、武帝は、『漢書』において「儒教の国教化」を成し遂げたことで、古《いにしえ》の聖王を超える皇帝として賛美されているのである。

『漢書』は、『史記』が『春秋』を継承することの他、その記述が正しくないと批判している。たとえば、項羽の羽は字《あざな》で、名は籍《せき》であるから、項籍と呼ぶべきである。たしかに、司馬遷は「史伝」が本当に歴史的事実であったのか、たとえば、項羽の歌を誰が聞いていたのか、について厳密ではない。歴史的事実を記録するのではなく、物語的な「史伝」を踏まえて「太史公曰く」として記す、自らの主張に重きを置いた思想書が、『太史公書《たいしこうしょ》』、すなわち『史記』であった。それを批判した『漢書』もまた、「賛に曰く」の主張が重要で、そのためには「史伝」の歴史的事実が犠牲にされるものであったと考えてよい。それが『史記』の二十三倍にも及ぶ長大な「董仲舒物語」を「史伝」として載せた理由である。それでは、『史記』のときには存在しなかった董仲舒の史伝は、どこから採用したのであろうか。

董仲舒の「天人三策」を詳細に分析して、その偽作を証明した福井重雅《ふくいしげまさ》は、それを『董仲舒書《とうちゅうじょしょ》』に求めた。『董仲舒書』は、劉歆が編纂した図書目録「七略」を班固が整理した『漢書』藝《げい》文志《もんし》の「儒家」の項目に、『董仲舒百二十三篇』と著録される、董仲舒とその後学がまとめた著作である（現存しない）。『董仲舒書』に記されていたであろう、皇帝の策問を想定してそれに応ずる上奏文を書く練習をした文章からの引用である、と「天人三策」を考えれば、上奏文中の矛盾や当時の儒教の受容状況との乖離も理解できる。官僚は、上奏文の執筆が何より重要なため、当時の著作では、上奏文の形で自らの主張をまとめるものもあった。『後漢書』明徳馬皇后紀《めいとくまこうごうき》には、班固が仕えた章帝《しょうてい》の母である馬皇后が、『董仲舒書』を読んでいたことが記されており、班固がそれを重視することは当然となる。

しかも、班家には、朝廷から下賜された秘府の副本があった。班家は、『漢書』藝文志に名だけが残る『高祖伝《こうそでん》』や『董仲舒書』といった儒家の著作を読むことができた。班固は、それらを利用して、劉邦や文帝、あるいは董仲舒などの儒者を儒教的に描き直しながら、武帝こそ「儒教国家」漢の基《もとい》を築いた皇帝である、と位置づけた。それは、「古典中国《こてんちゅうごく》」（後世の中国が規範とした中国の原型）の形成に大きな役割を果たした者を王莽ではなく、武帝へと位置づけ直すことで、前漢よりすでに漢が「古典中国」であったことを示すためである。それこそ、班固が武帝紀の「賛」に込めた主張であった。

高祖・文帝の儒教化

『漢書』に描かれた人物像は、董仲舒のように『史記』のそれとは異なることがある。たとえば、前漢の建国者である劉邦《りゅうほう》は、『史記』では儒者の冠《かんむり》に小便をかける無礼な男であるが、『漢書』では儒教を尊重する人物として描かれている。また、黄老《こうろう》思想を尊重した文帝《ぶんてい》も、儒教を尊重したように表現されている。そして、董仲舒もその一人である武帝期の儒者たちも、『史記』に比べて理想的に、政治的にも重要であったように描かれているのである。

董仲舒伝と同じように、事実に基づいていないと考えられる事例を一つ掲げよう。『史記』に記される文帝は、黄老思想を尊重している。しかし、『漢書』では、『史記』にはない次のような詔《みことのり》が加えられている。

（文帝元年）①三月、担当の役人が皇后を立てることを願った。皇太后は、「太子の母である竇《とう》氏を立てて皇后となせ」と言った。詔して、「春の和《なご》やかな時節にあたって、草木や生きとし生けるものは、みなそれぞれ楽しんでいる。しかし、吾が民草の連れ合いのない男女、身寄りのない人・困窮している人、あるいは死にそうな人々は、春を愛でることもできない。②民草の父母である（朕は）どうすればよかろう。そこでかれらに賑恤《しんじゅつ》する方法を議論せよ」とした。また詔して、「老人は帛《きぬ》でなければ温まらず、肉でなければ満足しない。③いま歳の首《はじめ》であり、人に老人を訪問させ、また布帛・酒肉の賜《たまわりもの》はない。これではどうして天下の子孫を助け、その親に孝行をさせられようか。いま聞くところでは、役人は鬻《かゆ》を受けるべき人々に支給するのに、古くなった穀物を使っているという。それでは④養老の意にかなうことができようか。詳細に令を下す。

『漢書』文帝紀

①は、『史記』巻十 孝文本紀でも、ほぼ同文で、この詔が三月に出たことは明らかである。そして、『史記』には①に続く詔はなく、これ以降が『漢書』で加えられた部分になる。その中では、③の「いま歳の首《はじめ》」という記述が、明らかに不自然である。前漢の文帝期は、まだ秦以来の顓頊《せんぎょく》暦を使っていて、歳首は十月だからである。事実、『漢書』文帝紀も、「元年」は「冬十月辛亥《しんがい》」から始まっている。したがって、三月の詔に、「歳首」という文言を用いるはずはなく、これが後世の竄入《ざんにゅう》（勝手に加えた文章）であることは明らかである。

立春正月が歳首となるのは、武帝の太初《たいしょ》元（前一〇四）年の改暦で成立した太初暦が最初である。司馬遷は、初期の改暦議論に参加しており、このような記述をするはずはなく、事実『史記』には三月を「いま歳の首《はじめ》」とする詔が記されることもない。『漢書』に竄入されている文帝の詔は、太初元年以降に捏造《ねつぞう》された文章であることが分かる。

捏造された詔の主旨は、天子が②「民の父母」として示した④「養老の意」を伝えることにある。「民の父母」は、『詩経《しきょう》』大雅《たいが》洞酌《けいしゃく》、小雅《しょうが》南山有台《なんざんゆうだい》や『礼記《らいき》』孔子閒居《こうしかんきょ》などを典拠とする儒教的君主像であり、「養老の礼」は、班固が生きた後漢の明帝《めいてい》期に完成した儒教儀礼である。したがって、詔の竄入は、儒教を尊重する文帝像を創造することを目的としている。

『漢書』が基づいた、文帝のものと称する詔の典拠の一つが、『漢書』巻三十 藝文志 儒家に著録される『孝文伝《こうぶんでん》』十一篇である。班固が自ら付けた注（説明）では、この書の目的は、「文帝を称《たた》えることと詔や策である」と説明されており、文帝の「詔」や「策」を集めた儒家の書物が、『高祖伝』と同様に存在していたことが分かる。このように論証していくと、班固が『孝文伝』などを材料として文帝紀を『史記』から書き換えたことが分かるのである。

『漢書』が描こうとした、儒教に基づく国家の在り方は、後漢の章帝《しょうてい》期の白虎観《びゃくこかん》会議により、その姿を具体的に規定されていた。班固は、白虎観会議の内容を『白虎通《びゃくこつう》』という書物にまとめている。「古典中国《こてんちゅうごく》」と名付けるべき国家と社会の規範型が儒教の経義《けいぎ》に基づき構築されたことを白虎観会議の内容を通じて今日に伝える者も、班固なのである。

班固が著した『白虎通』には、「儒教国家」の国制として定められた中国の古典的国制と、それを正統化する儒教の経義が記されている。こうした理想的国家モデルの形成に大きな役割を果たした王莽《おうもう》の新《しん》（莽新）は、わずか十五年で滅びた。莽新を滅ぼした後漢は、王莽の国制を基本的には継承し、白虎通会議の後もそれを儒教の経義と漢の国制とに擦《す》り合わせ続けた。その結果、後漢で成立した「古典中国」は、儒教の経義より導き出された統治制度・世界観・支配の正統性を持つに至る。班固の『漢書』執筆の主目的は、そうした「古典中国」の基礎が、王莽によって創られたことを隠蔽し、それが前漢において構築されつつあったと描くことであった。

こうした意味で、『漢書』も『史記』と同じように、歴史上の事実を正しく書くことを主目的とする史書ではなく、自らの主張を「史伝」により描く、『尚書』を手本とした思想書と捉えることができるのである。

3　二つの予言

陳寿と『三国志』

後漢が滅びると、中国は曹操が基礎を築いた魏（曹魏）、孫権が建国した呉（孫呉）、劉備の建国を諸葛亮が助けた蜀（蜀漢、季漢《きかん》）の三国に分かれた。その時代を描く『三国志』を著した陳寿は、益州《えきしゅう》巴西《はせい》郡安漢《あんかん》県（四川省南充市）に生まれ、西晉（二六五～三一六年）の恵帝《けいてい》の元康《げんこう》七（二九七）年に六十五歳で卒したという。陳寿は、同じ巴西郡の儒者である譙周《しょうしゅう》に師事し、『尚《しょう》書《しょ》』『春秋三伝』（『春秋左氏《さし》伝』『春秋公羊《くよう》伝』『春秋穀梁《こくりょう》伝』）を修め、『史記』『漢書』に精通していた。

『尚書』と「春秋三伝」は、儒教経典《けいてん》である。陳寿は、劉備の死去を『尚書』堯典《ぎょうてん》に基づいて「殂《そ》」と表現することで、蜀漢が漢を継承していることを仄《ほの》めかす。「殂」という文字は、堯の死去にしか用いない文字で、後漢の皇帝は堯の子孫と考えられていた。こうした微妙な表現により、本質を伝える書き方を「春秋の微意《びい》」という。陳寿の『三国志』も、儒教経典を身体化して、儒教の規制内で著された書物なのである。

西晉の陳寿が著した『三国志』は、『史記《しき》』『漢書《かんじょ》』『後漢書《ごかんじょ》』とあわせて「前四史《ぜんしし》」と呼ばれ、唐以降に認定される「正史《せいし》」の中でも良く読まれた本である。『三国志』は、魏書《ぎしょ》三十巻・蜀書《しょくしょ》十五巻・呉書《ごしょ》二十巻より構成されることに、最大の特徴がある。こうした体裁を取ることで、魏書だけに本紀《ほんぎ》を置きながらも、本質的には魏を正統と認めていないことを表現している。

ただ、『三国志』が曹魏だけを正統とする史書ならば、『魏書』として著せばよい。事実、王沈《おうしん》の『魏書』、魚豢《ぎょかん》の『魏略《ぎりゃく》』など、曹魏のみを正統とする視座から三国時代を記述する書物は他にもあった。逆に、三国すべてに本紀を置くのであれば、魏書・蜀書・呉書という三部構成も納得できる。魏書のみに本紀を置くにも拘《かかわ》らず、なぜ陳寿は「三国」志という体裁で史書を編纂したのであろうか。そこには、陳寿が学んでいた「蜀学」という儒教に伝わる二つの讖文《しんぶん》（予言書）の正しさを証明したいという陳寿の執筆意図が表れている。

蜀学の予言

陳寿の師である譙周は、蜀学の特徴である讖緯《しんい》の学（予言書を中心に置く儒教）を継承しており、蜀漢の丞相《じょうしょう》である諸葛亮《しょかつりょう》に評価されて、蜀漢の勧学従事《かんがくじゅうじ》（儒学の専門家）となった。諸葛亮が曹魏への北伐《ほくばつ》の途上、五丈原《ごじょうげん》で陣没すると、禁令が出る前に持ち場を離れ、ただ独り弔問に赴き、その死を嘆いた、と陳寿は記す。諸葛亮は、最先端の儒教である荊州学《けいしゅうがく》（後漢末の荊州に興《おこ》った新しい合理的な儒教。西晋の官学である王粛学《おうしゅくがく》の起源）を修めていた。それにも拘《かかわ》らず、蜀学という古い、学統も異なる儒教を保護した。譙周は、そうした蜀学への対応をみせた諸葛亮を敬愛していたと考えてよい。

　譙周の学問は、伝統的な蜀学が天文観測に努め、天象の変化によって予言をすることに対して、歴史の中から予言を引き出すことに特徴を持つ。未来を知り、現在の生き方を考えるためには、経典に基づく過去の「正しい」歴史の認識が必要である。このため譙周は、歴史を究めようとした。なかでも、三代《さんだい》（夏《か》・殷《いん》・周《しゅう》）以前についての『史記』の記述に疑問を持ち、歴史の始まりを明らかにするために『古史考《こしこう》』を著した。『古史考』は、上古史の中で『史記』が記述を始める黄帝《こうてい》など「五帝《ごてい》」より以前の「三皇《さんこう》」を重視する。そして、諸説のある三皇の組み合わせの中から、譙周は、緯書《いしょ》（前漢後半より作られた孔子に仮託する経典解釈書や予言書。後者を特に讖緯書《しんいしょ》と呼ぶ）を縦横無尽に駆使する後漢末の大儒鄭玄《じょうげん》が注を付けた『尚書大伝《しょうしょたいでん》』に依拠して「燧人《すいじん》・伏羲《ふくぎ》・神農《じんのう》」を三皇とした。それを『古史考』に著すことで、『史記』に欠ける五帝本紀以前の歴史を儒教に基づき補おうとしたのである。ここには、黄帝以前の歴史を客観的に記そうとする姿勢はない。『史記』『漢書』と同じように、陳寿の『三国志』が、蜀学という儒教の予言の正しさを三国時代の「史伝」をまとめる形で示そうとした理由の一端である。

蜀書の構成

陳寿が『三国志』の中心に置いた二つの讖文《しんぶん》のうち、第一は、蜀学を修めた董扶《とうふ》が、劉備より以前に蜀に独立政権を樹立した後漢の宗室である劉焉《りゅうえん》に、入蜀を勧めるために述べた、「益州《えきしゅう》の分野に天子の気《き》有り」という讖文である。気とは、ここでは雲気のことで、異なった色の雲が湧き上がる地方（ここでは益州、すなわち蜀）から天子が出現する、という意味になる。劉焉は、後漢の乱れた政治を見て、当初交州《こうしゅう》（広東・広西省からベトナム北部）で独立しようと考えていたが、董扶の言葉に動かされて益州牧《えきしゅうぼく》（州牧は州の行政・軍事・監察官）として赴任した。やがて、漢から独立した勢力となり、自ら天子を気取って、天子の儀礼を用いた。

陳寿は、劉焉がこの讖文に基づき、益州に入って天子に擬《ぎ》したことを厳しく批判する。そして、蜀学が伝えてきた、「益州の分野に天子の気有り」という讖文は、劉備が即位する予言であった、と劉焉伝の評《ひょう》（『史記』の「太史公曰く」に当たる陳寿の主張）で説明する。そのために、劉焉の伝記を蜀書の冒頭、すなわち蜀の建国者である劉備の列伝の前という異常な位置に立てている。「春秋の筆法」では、通常とは異なる書き方がされている場合、そこには「春秋の微意」がある。

第二の讖文《しんぶん》は、「漢に代わる者は当塗高《とうとこう》」である。本来は、前漢《ぜんかん》末の公孫述《こうそんじゅつ》（述《みち》＝塗）が漢を滅ぼすという予言であった。述は「みち」という意味で、塗も「みち」という意味を持つので、当塗高は公孫述を指すのである。これに対して蜀学では、「当塗高というものは魏である」という解釈と合わせて伝えられた。塗《みち》に当たって（面して）高いものは闕《けつ》（凱旋門の小さいもの）であり、闕《けつ》とは象巍《しょうぎ》（巍を象《かたど》るもの）だからである。曹操高陵《こうりょう》から出土した遺物では、曹魏の「魏」は「巍」の字を用いている。陳寿の師である譙周が、季漢《きかん》（季は末っ子という意味。蜀漢のこと）の最後の皇帝である劉禅《りゅうぜん》に、曹魏への降服を勧めたのは、この予言に従ったためである。したがって、陳寿は、師の行動が正しかったと証明するためにも、この二つの讖文を整合的に解釈しなければならなかった。

第一の讖文からは、季漢《きかん》こそ、「益州の分野に天子の気有り」という予言どおり、後漢を継承して成立した正統な国家である、という理解が導かれる。第二の讖文は、その季漢が、譙周の予言通り、「漢に代わる者」である「当塗高」の曹魏に滅ぼされたことにより、その正しさが証明される。この二つの予言の正しさを証明するため、陳寿は、『三国志』の中に、二つの正統を組み込んだ。すなわち、後漢の正統を継ぐ季漢、季漢の正統を継ぐ曹魏という二つの正統である。

蜀学に伝わる二つの讖文は、後漢→季漢→曹魏という正統の継承を導くものなのであった。

しかし、これを直書《ちょくしょ》する（諱《い》まずに描く）には、二つの問題があった。第一は、後漢→曹魏→西晋の正統を示すべき西晋の史家としての政治的立場であり、第二は、西晋における讖緯思想の禁圧である。陳寿は、第一については、曹魏のみに本紀を置きながら「三国」の史を別々に描くという体裁により対応し、第二については、劉焉への批判により讖緯批判に同調した。そして、劉焉を批判する「評」の中に、季漢の正統を潜めたのである。これらを可能にする体裁が、「三国」志であった。陳寿の『三国志』は、正確な史実を記すよりも、譙周から継承した「蜀学」の二つの予言を証明するために、大きな努力を払っているのである。

4　正統の表現

『春秋』の筆法

『三国志』は、陳寿が一から書き記した史書ではない。すでに散逸した王沈《おうしん》の『魏書』と魚豢《ぎょかん》の『魏略《ぎりゃく》』を「魏書」、韋昭《いしょう》の『呉書《ごしょ》』を「呉書」の藍本《らんぽん》（もとにした本）とする。それは、これらの書物の一部が、『三国志』に付けられた裴松之《はいしょうし》の注や類書《るいしょ》（一種の百科事典）に引用され、残っている部分と『三国志』本文とを比較することで分かる。蜀書には、このような藍本はないので、陳寿自らが著したと考えられる。

陳寿は、それらの先行する史書に加えて、西晉の史官として、国家が保管する皇帝の詔《みことのり》や制《せい》（命令書）、臣下の上奏文を見ることができた。詔・制は、陳寿のみならず、中国歴代の史官が、原則として手を加えないものである。それでも陳寿は、どの記録を採用して、どの記録を伏せるのかという行為を通じて、あるいは「春秋《しゅんじゅう》の筆法」により、自らの思いを表現することができた。たとえば、同じく列伝に位置づけられても、劉備と孫権とは同等ではない。蜀漢の旧臣であった陳寿は、劉備の死去を「殂《そ》」、孫権の死去を「薨《こう》」と記して、差等を設けている。『春秋』の義例《ぎれい》（正しさの基準）では、「薨」は諸侯《しょこう》の死去を意味する。すなわち、陳寿は「春秋の筆法」により、孫権が皇帝位に就いたことを否定している。これに対して、曹魏の諸帝の死去には、原則「崩《ほう》」の字を用い、正統な天子であることを示している。

陳寿が劉備の死去を「殂」と表現することは、直接的には諸葛亮の「出師表《すいしのひょう》」が劉備の死去を「崩殂《ほうそ》」と記すことに依拠する。それでも、劉備が尭の子孫、すなわち漢の後継者であることを「春秋の微意」により、後世に伝えようとしたからに他ならない。陳寿は、「春秋の筆法」により、季漢の正統を『三国志』に潜ませているのである。

西晉への迴護

西晉の著作郎《ちょさくろう》である陳寿にとって、西晉がその正統を継承した曹魏にのみ本紀を設け、三国の中で曹魏を正統とする体裁で史書を著すことは、史官としての責務であった。したがって、曹操に伝えた荀彧の死因について、『後漢書《ごかんじょ》』荀彧《じゅんいく》伝では、曹操から空の器を贈られた荀彧は、それを「お前にもう用はない」という意味に解釈し、薬を飲んで卒した、と明記する一方、『三国志』荀彧伝では、「荀彧は病気により寿春《じゅしゅん》に留まり、憂いにより薨去《こうきょ》した」と記すように、曹操に対する迴護《かいご》（筆を曲げてかばうこと）があることは、清の趙翼《ちょうよく》の指摘するとおりである（『廿二史劄記』三国志多迴護）。

しかし、趙翼の指摘する七ヵ所の迴護のうち、曹魏への迴護が三ヵ所に過ぎないように、曹氏への迴護は決して多くはない。むしろ、陳寿は、曹魏に対して遠慮のない記述も多い。たとえば、初代皇帝である文帝曹丕《ぶんていそうひ》への評で、陳寿は次のように述べている。

もし、文帝に広大な度量を加え、公平な誠意によって励み、つとめて道義を志し、徳心を広くできたのであれば、上古の賢主であっても、どうしてこれに遠いことがあろうか。

（『三国志』文帝紀 評）

このように『三国志』文帝紀の評で、陳寿は、曹丕の心の狭さを直書している。具体的には、曹丕が弟の曹彰《そうしょう》・曹植《そうち》と仲違いしたことを『三国志』任城陳蕭王《じんじょうちんしょうおう》伝の評で明記しているのである。これに対して、曹魏で執筆された王沈《おうしん》の『魏書《ぎしょ》』は、曹植への弾劾に対する文帝の寛大な措置を語り、後継者争いのような不和の形跡を全く見せない。唐《とう》の劉知幾《りゅうちき》が、「（王沈の）『魏書』は、当時のことを多く諱《い》み、実録ではない」（『史通《しつう》』古今正史）と批判する理由である。これに比べれば、陳寿の『三国志』は、曹魏のための曲筆は多くはない。

しかし、皇帝位に就いたまま司馬昭《しばしょう》に殺害された曹髦《そうぼう》の死を「崩《ほう》」ではなく「卒《そつ》」と表記し、その本紀での呼称を高貴郷公《こうききょうこう》とするように（『三国志』三少帝紀）、西晉を建国した司馬氏の正統化を目指す曲筆は多く見られる。禅譲《ぜんじょう》の形を取ったとはいえ、西晉は武力により曹魏を奪っている。陳寿が標的としたのは、その際に曹魏を守るため司馬氏に抵抗した「忠臣」、見方を変えれば西晉の敵となった「逆臣」たちであった。かれら司馬氏と対立した者について、陳寿は次のように評を付けている。

みな大きな野心を抱きながら志《こころざし》は曲がり、災禍や困難を思わず、政変を起こすこと（弩《ど》の）引き金を引くようで、（敗退して）宗族《そうぞく》は地に塗《まみ》れた。誤り惑っていたと言えないであろうか。

『三国志』王毌丘諸葛鄧鍾伝《おうかんきゅうしょかつとうしょう》

陳寿は、このように司馬懿《しばい》に殺された王淩《おうりょう》、司馬師《しばし》（昭の兄）に討たれた毌丘倹《かんきゅうけん》、司馬昭に平定された諸葛誕《しょかつたん》、反乱を起こした鍾会《しょうかい》を志が曲がった者と批判する。かれらは、みな司馬氏の台頭に抵抗した曹魏の「忠臣」たちである。陳寿の『三国志』は、魏書にのみ本紀を設け、曹魏を正統とする体裁を取りながらも、司馬氏に反抗した者たちの曹魏への忠義を評価せず、逆に批判までしている。正確な史実よりも、評価を優先するという「史伝」の用い方と、三国時代という分裂時代が、正統な国家とは何かという視座を史書に与えたのである。

こうして『三国志』は、体裁の上では正統とする曹魏よりも、西晉の正統性を優先し、季漢の正統性を『春秋』の筆法で表現する、という正統性に拘《こだわ》りをみせた史書となった。こののち、史書は正統性への議論を深めていく。陳寿と同じく蜀に生まれた常璩《じょうきょ》が著した『華陽国志《かようこくし》』をみてみよう。

陳寿の継承

常璩は『華陽国志』において、地誌と人物伝に表現される華陽（巴・蜀・漢中）の独自性を記す一方で、たとえ華陽に独立政権があったときにも、華陽が「大一統《だいいっとう》」（中国が統一されていることを尊重するという『春秋公羊伝《しゅんじゅうくようでん》』が尊重する理想）に協力し続けたことを主張する。『華陽国志』が、華陽という「地方」の歴史を描きながら、晋《しん》による「大同《だいどう》」（統一）の正しさと、華陽を拠点とする偏覇《へんぱ》（地方を支配する覇権を握った政権）の不当を描いた理由は、春秋公羊学が主張する「大一統」の尊重にある。そこでは、陳寿が正統を潜ませた季漢も、偏覇と位置づけられる。そこには、「蜀学」の伝統を受けながらも、成漢《せいかん》（三〇四～三四七年。五胡十六国の一つ）の東晋（三一七～四二〇年）への降伏を主張した常璩の政治的立場を正当化する思いも含まれる。常璩は、氐族《ていぞく》の李雄《りゆう》が建てた成漢を正統とは考えられなかったのである。ここには、儒教の持つ華夷思想（中華を君とし、夷狄を臣とする意識）を見ることもできる。

常璩は、魯《ろ》という一地方の史伝を描きながら「大一統」の主張を盛り込んだ『春秋』にならって、華陽という地域が、秦・漢の「大一統」に大きな役割を果たしたことを確認しながら、晋の「大一統」の回復に資《し》するために『華陽国志』を著した。『春秋』を規範に、巴蜀地方の国家の史伝を記し、「大一統」の回復を主張することで、巴蜀という地域の編入を契機とする東晋の「大一統」を希求したのである。

蜀漢（季漢）を「偏覇」に止《とど》めてまでも、東晉の正統性を描いた常璩の『華陽国志』に対して、同じく東晉の習鑿歯《しゅうさくし》は、『漢晉春秋《かんしんしゅんじゅう》』において、西晉の正統性を蜀漢からの継承に求めている。蜀漢の滅亡した二六三年の二年後に、曹魏を滅ぼして成立した西晉は、曹魏ではなく、蜀漢の「正」を継承しており、だからこそ、二八〇年に曹魏を滅ぼして三国を「統」一し得たと考えるのである。しかも、習鑿歯は、分裂を続ける中国の歴史を鑑みながら、正統について深く考察を加え、正統性を「正」と「統」に分け、その両者を満たすことが「正統」であるとした。

「正」とは、禅譲・放伐《ほうばつ》など易姓革命《えきせいかくめい》（天命が革《あらた》まり天子の姓が易《か》わること）により終始《しゅうし》五徳《ごとく》説（国家が、その徳にしたがい木→火→土→金→水と移り変わるという革命を正統化する説）に基づいて、自らの国家の正しさを継承したものに与えられる。たとえば、曹魏が堯舜《ぎょうしゅん》革命（火徳→水徳）に準《なぞら》えて、漢魏《かんぎ》革命（火徳→水徳）を禅譲で行ったことがこれに当たる。これに対して、「統」とは、中国を統一することで、春秋《しゅんじゅう》公羊《くよう》学の「大一統」の「統」に当たる。蜀漢は、後漢から「正」を受け継ぎながら「統」を実現できなかった。西晉は、蜀漢の「正」を受け継ぎ、「統」を実現したと考えるのである。

『晉書』は、習鑿歯がこのような正統観を持つ『漢晉春秋』を執筆した意図を次のように伝えている。

このとき、①桓温《かんおん》は（東晉を簒奪するという）非望《ひぼう》を不法にも持っていたので、習鑿歯は襄《じょう》陽《よう》郡で『漢晉春秋』を著して、これを正した。漢の光武帝《こうぶてい》から（記述を）始め、晉の愍帝《びんてい》までとした。三国《さんごく》時代では、②蜀は宗室であるため正とした。③魏武は漢より受け晉に禅《ゆず》ったが、簒逆《さんぎゃく》とした。④文帝《ぶんてい》（司馬昭）が蜀（季漢）を平定するに至り、ようやく漢は亡びて晉が興《おこ》った。（それは）⑤世祖《せいそ》（司馬炎の）諱《いみな》である「炎」を引いて（西晉が）「興」り（蜀漢最後の元号は炎興）禅譲されたことで証明される。

『晉書』習鑿歯伝

習鑿歯《しゅうさくし》の「正」と「統」の考え方によれば、統一国家の存在しなかった三国時代には、「正」と「統」を兼ね備える「正統」な国家はない。それ以前に存在した「漢」の「正統」は、④季漢《きかん》（蜀漢）が滅んだ後に、中国を統一し得た「晉」へと継承される。三国の中では、③曹魏は「簒《さん》逆《ぎゃく》」であり、漢を継承している季漢は漢の②宗室であるため「正」となる。季漢から西晉へと「正」が受け継がれることは、⑤季漢の最後の元号である「炎興《えんこう》」という文字に、司馬炎が興ると明記されることで、その天意が示されているとするのである。

もちろん、あらゆる国家の端緒は、当初は「逆」として存在する。それでは「逆」は、何によって「正」に変わるのであろうか。それまで、終始五徳説に基づく禅譲革命により理論化されていたこの問題について、習鑿歯は、劉備の即位に反対した費詩《ひし》の左遷に賛同する中で、次のように説明している。

習鑿歯は、「そもそも①創業の君主は、（天下が）大いに定まることを待って自分（の地位）を正すことを後にし、②継体《けいたい》の君主は、（自分が）速やかに建つことを待って多くの人の心を繫ぐものである。このために、（晉の）恵公《けいこう》が朝に（秦の）捕虜となると子の圉《ぎょ》（晉の懐公）は夕方に即位し、更始帝《こうしてい》がなお存命中に光武帝《こうぶてい》は帝号を称した。それぞれ（二人は）どうして主君を忘れ（自分の）利益を求めるものであろうか、社稷《しゃしょく》のためなのである。いま先主《せんしゅ》（の劉備）は義兵を糾合して、賊（の曹操）を討とうとしている。賊は強く禍《わざわい》は大きく、主君は没し国家は滅び、（高祖《こうそ》劉邦《りゅうほう》・世祖《せいそ》劉秀《りゅうしゅう》という漢の）二祖《にそ》の廟《びょう》は、絶えて祀《まつ》られていなかった。いやしくも③宗室の賢者でなければ、誰がこれを嗣《つ》ぐことができよう。……」と言っている。臣《わたくし》④裴松之が考えますに、習鑿歯の史論は、これが最も優れております。

習鑿歯は、①創業の君主は、天下を大いに定め「統」を実現することを先にして、自分の地位を「正」すことを後にする、と主張する。「統」によって、「逆」は「正」になるのである。言い換えれば、一度は天下を統一した「正」で「統」な国家は、たとえ弱体化しても、「統」を実現する王者が現れるまでは「正」なのである。このため、②継体《けいたい》の君主（前王の「正」を継承する君主）は、自分が速やかに立つことで、多くの人の心を繋がなければならない。したがって、漢の③宗室の賢者である劉備は、漢を嗣《つ》ぐことができ、「統」でなくとも「正」を称することができる。

となれば、諸葛亮が「統」を目指して行う北伐は、「正」のもとで行われる。これに対して、東晉の簒奪を目指した桓温が行う、自らの権力強化を目的とする北伐は、「逆」の行為となる。桓温が晉に代わって「正」となるためには、「統」を実現することで「逆」の立場から「正」となるべきなのである。

ちなみに、劉宋《りゅうそう》（四二〇～四七九年。南北朝時代の南朝の一つ）の裴松之《はいしょうし》が、④これが習鑿歯の議論の中で最も優れている、と褒めるのには、それなりの理由がある。劉宋の建国者である劉《りゅう》裕《ゆう》は、一時的ではあるが、洛陽《らくよう》・長安《ちょうあん》を奪還して、ほぼ天下を統一した。「統」の実現である。そののち劉裕は、晉から禅譲を受けて宋（劉宋）を建国した。「正」への転換である。北伐に敗れた桓温は、それを成し遂げられなかった。

習鑿歯は、天下を統一せずとも、禅譲革命により漢→魏→晉と正統が継承された、という従来の正統論を覆《くつがえ》したのである。なぜなら、魏は「正」を継承してはいるものの、三国鼎立を解消し「統」一を果たすことはできなかったからである。項羽と劉邦の楚漢《そかん》戦争、そして赤眉《せきび》の乱を「統」一することで「正」となった漢から、三国を「統」一することで「正」となった晉へと「正」が継承されたと説く『漢晉春秋』は、桓温が天下を統一できない限りにおいて、桓温による東晉の簒奪を防ぐ理論を内包する史書であった。

このように、『春秋左氏伝』から始まる史伝の記述は、それが事実か否かに重点が置かれることはなく、物語により自らの主張に説得力を増してきた伝統を継承して、儒教や国家の正しさを主張することに重点を置いてきた。それでは、中国で記される歴史書では、事実か否かが尊重される、言い換えれば、儒教から史学が独立することはなかったのであろうか。

おわりに——史学の自立と国家の正統性

1　史料批判とその限界

裴松之の三国志注

陳寿《ちんじゅ》の『三国志《さんごくし》』は、同時代史であった。陳寿自らも仕えた蜀漢《しょくかん》をはじめとする三国の歴史を関係者が生存している西晋《せいしん》時代に著したのである。このため、差し障《さわ》りがあって書けないことも多く、また内容も簡潔に過ぎた。そこで、劉宋《りゅうそう》の文帝《ぶんてい》は、裴松之《はいしょうし》に『三国志』に注を付けることを命じる。こうして、元嘉《げんか》六（四二九）年に完成したものが、裴松之の『三国志』注である（以下、裴注《はいちゅう》と略称）。

裴松之は、注を付けるにあたって、『三国志』の原材料ともなった多くの書物を引用して『三国志』の記述を補う、という方法を採った。このため裴注には、実に二百種以上の文献が、時に史料《しりょう》批判《ひはん》と共に引用されており、『三国志』は裴注を得て、その価値を飛躍的に高めた。

中国史学において、史料批判に基づき、本文の正しさを検証する方法論を自覚的に採用したものは、裴注が初めてである。物語の系譜を引く「史伝」は、ここに客観的な事実としての正しさを本格的に検証されることになった。それは、儒教に従属していた「史」が自立していく中で、自らの方法論を模索する試みから生まれた。

裴注が二百種を超える多くの書物を引用したのは、後漢「儒教国家《じゅきょうこっか》」の崩壊の後、史伝が大量に著されたことによる。班固《はんご》が「国史」を改竄《かいざん》しているとの讒言《ざんげん》を受けて投獄されたように、本来、史書は国家が編纂するものであった。しかし、三国時代以降、皇帝権力の弱体化、および貴族制の形成に伴って、多くの史書が編纂されていく。その背景には紙の普及もあり、私的な利益のために人物伝を著せる環境が醸成されていたのである。

このように、国家が独占的に史書を編纂する権限を失うことは、価値観の多様化を招き、画一的な専制支配の妨げとなる。このため三国を統一した西晉は、史官制度の整備を図り、著作郎《ちょさくろう》・佐《さ》著作郎《ちょさくろう》が国史を編纂するという体制を作りあげた。「史」という文化的価値を国家に収斂することを目指したのである。

そして、九品中正制度《きゅうひんちゅうせい》（魏から始まる官僚登用制度。「名士」層の人物評価を状《じょう》と名付けて採用基準の一つとした）と深い係わりを持つ人物伝についても、国家への収斂を目指す。具体的には、佐著作郎に名臣伝の執筆を義務づけることで、国家が人物伝の著作を専有しようとしたのである。佐著作郎は、晉代には貴族の起家官《きか》（最初に就く官職。それにより出世ルートがほぼ定まる）として多くの就官者を得ており、著された名臣伝も多数にのぼる。そうした起源を持ち、それ以外の広がりもみせる一連の著作が、「別伝《べつでん》」と呼ばれる人物伝である。別伝の伝主は、魏晉《ぎしん》期を中心とし、東晉《とうしん》以降のものは存在しない。別伝は、魏晉期を特徴づける史書なのである。ただ、その内容は玉石混淆であった。たとえば、蜀漢に仕えた趙雲《ちょううん》を描く『趙雲別伝』は、『三国志』では劉備の親衛隊長に過ぎなかった趙雲を関羽《かんう》・張飛《ちょうひ》に並ぶ智勇兼備の股肱《ここう》の将と描いている。歴史小説の『三国志演義《さんごくしえんぎ》』が、『三国志』ではなく『趙雲別伝』に依拠して趙雲像を創造したように、別伝は客観的な事実から離れるものが少なくなかった。そのため史料批判が必要であった。

史料批判

史料批判とは、近代歴史学の基本となる方法論である。ある史料の記述が、正しいのか否か、それを記述内容や他の史料との比較などから追究する。これまで史料批判が全く行われなかったわけではない。司馬遷も班固も、自らの考え方に基づき史料を選んでいる。しかし、裴松之の史料の収集と記事の選択は、従来のそれとは量的にも異なる。裴注が引用する書物は、経部《けい》（儒教経学）二十四種・史部《し》（史書）百四十二種・子部《し》（哲学・自然科学）二十三種・集部《しゅう》（文集・文学）二十三種の二百十二種に及んでいる。その中で最多を占める史部は、別伝のような偏向《へんこう》を含む私的な人物伝を中心とする。そのため、裴松之は史料を取り扱う原則を立て、史学独自の方法論を確立していく。

裴松之は、「三国志注を上《たてまつ》る表」の中で、次のように述べている。

考えますに、三国は年代としては、さほど隔《へだ》たっていないとはいえ、事柄は漢《かん》代と晋《しん》代にも関わり、その及ぶところは百年にもわたっております。記録は錯綜《さくそう》して、矛盾が少なくありません。そこで陳寿が記載しなかった事柄も、記録すべきものは、①すべて採録することでその欠を補いました（補闕《ほけつ》）。同じ一事を述べながら、叙述に乖離がある場合や、異説に基づいた記録のうち、正誤の判断ができない場合には、共に注の内に抜き書きして記録することにより②異聞を備えました（備異《びい》）。もし誤謬《ごびゅう》が歴然としている場合、記述が不合理である場合には、誤りに応じて訂正することで③その虚妄《きょもう》を懲戒《ちょうかい》いたしました（懲妄《ちょうもう》）。史事の理非《りひ》曲直《きょくちょく》、および陳寿のわずかな誤りには、いささか愚見《ぐけん》により④論弁《ろんべん》したものがございます。

裴松之「上三国志注表」

このように裴注は、①「補闕《ほけつ》」（記事を補う）、②「備異《びい》」（本文と異なる説を引く）、③「懲《ちょう》妄《もう》」（本文および引用史料の誤りを正す）、④「論弁《ろんべん》」（史実への論評）という四種の体例（注釈の書き方）に基づいて付けられた。しかも、四種の体例は組み合わせて用いられる。

たとえば、劉備が諸葛亮に三顧《さんこ》の礼を尽くしたという『三国志』諸葛亮伝の記述について、裴注は、諸葛亮が先に劉備を訪ねたことを伝える魚豢《ぎょかん》の『魏略《ぎりゃく》』と司馬彪《しばひょう》の『九州春秋《きゅうしゅうしゅんじゅう》』を付す。これが②備異である。そののち、次のように述べている。

臣《わたくし》裴松之が考えますに、諸葛亮の出師表《すいしのひょう》に、「先帝《せんてい》（劉備）は臣《わたくし》の卑しきことを厭《いと》わず、みずから身を屈して、三たび臣を草廬《そうろ》に顧みられ、臣に当世の情勢をお尋ねになりました」

と言っております。そうであれば、諸葛亮が先に劉備を訪れたのではないことは、明らかです。見聞《みき》きしたことが言葉を異なるものとし、それぞれあれこれ（の違い）が生ずるとはいえ、それでも背反《はいはん》することがここにまで至るとは、まことに怪しいこととすべきです。

『三国志』諸葛亮伝注

このように裴松之は、諸葛亮の著した「出師表《すいしのひょう》」を引用して、諸葛亮が先に劉備を訪れたのではない、と考察する。これが③懲妄《ちょうもう》である。異なる内容の史料を掲げ、より信憑性の高い「出師表」に照らし、それらの史料の正確性を考察する内的史料批判をしているのである。

裴松之が、史料批判を行いながら多くの史料を引用したことで、三国時代の史実を明らかにしようとする際に、その記述に偏向を持つ陳寿の『三国志』を相対化できるようになった。裴注の中には、陳寿が採用しなかった多くの史書が引用されるためである。もちろん、裴注以外にも、『後漢書《ごかんじょ》』や『晉書《しんじょ》』、あるいは類書《るいしょ》である唐の『藝文類聚《げいもんるいじゅう》』や宋の『太平御覧《たいへいぎょらん》』には、すでに散逸した曹操《そうそう》の「軍令」や『諸葛氏集』の遺文が部分的に引用されている。あるいは、梁の昭明太子《しょうめいたいし》が編纂した『文選《もんぜん》』には、曹操や曹植《そうち》の残した文学作品が収録されている。それでは、裴注に加え、これらの諸資料に基づき、『三国志』の史料批判をすることで、三国時代の史実を完全に復原できるのであろうか。

その際、わたしたちの前に立ちはだかるのが、史書における「記言《きげん》」（言葉を記すこと）の問題である。創作された物語と記録された事実としての歴史。果たして、物語と歴史とは、そのように明確に区別できるものであろうか。

裴松之は、『春秋左氏伝』の言葉を用いて、史伝がある人物の発言を作り上げている場合、それを是とすべきか非とすべきかという問題に煩悶《はんもん》した。その際に、解決可能の場合は、「記言の体」に矛盾があるときである。それが孫盛《そんせい》の事例であった。

裴注が引く孫盛の『魏氏春秋《ぎししゅんじゅう》』には、曹操が配下の諸将に対して劉備を評価した次のような言葉が記載されている。

劉備は、人傑である。将来寡人《わたし》を憂えさせるだろう（将に生きながら寡人を憂へしめんとす）。

『三国志』武帝紀注

この言葉は、『春秋左氏伝』哀公《あいこう》伝二十年に基づく。越王《えつおう》の句践《こうせん》に包囲されて、追い詰められた呉王《ごおう》の夫差《ふさ》が、晉《しん》の使者に対して、「句践は私を生かしておいて苦しめようとしているのです

（将に生きながら寡人を憂へしめんとす）」と訴えた言葉である。

孫盛の『魏氏春秋』は、訓読を見れば分かるように、『春秋左氏伝』の言葉を劉備に対する曹操の言葉として使っている。しかし、曹操は劉備に包囲されている訳ではなく、明らかに使い方が間違っている。しかし、あの曹操が果たして、そのような間違いを犯すであろうか。裴松之は、この矛盾を次のように考えている。

> ①史書が言葉を記す場合には、もとより潤色が多いものです。このため先代の史書が記す文章でも、事実でないことがあります。さらに②後世の編者が、私見を起こしてこれを改変することがあります。事実を失うということにおいて、いよいよ深刻となりましょう。そもそも孫盛は史書を編む際、③『春秋左氏伝』を用いて、藍本《らんぽん》の文章を書き換えることが多々あります。このような事例は一つに止《とど》まりません。ああ、後世の学者は、一体どこに真を求めればよいのでしょう。しかも④魏武《ぎぶ》がまさに天下に向かって志を励《はげ》まそうとしているときに、夫差《ふさ》が死を覚悟したときの言葉を用いるとは、まるで見当違いです。
>
> 『三国志』武帝紀注

裴松之は、孫盛が④「魏武（曹操）がまさに天下に向かって志を励まそうとしているときに、夫差が死を覚悟したときの言葉を用」いている矛盾を厳しく批判する。そして、裴松之は、①「史書が言葉を記す場合には、もとより潤色が多い」と、深刻なことを述べる。曹操は、このような言葉を発言していない、とするのである。しかも、②「後世の編者が、私見を起こしてこれを改変する」ので、さらに実態から言葉は乖離していくと述べている。そもそも、孫盛の場合は、③『春秋左氏伝』を用いて改めているものが多々ある、と裴松之は批判する。裴松之の言うとおり、孫盛による「記言」の創作は、この事例だけではない。

裴松之は、多くの「異聞」を集め、自らの「理」に基づいて、その是非を判断した。その結果、「記言」の捏造が、多くの史書で行われていることを知っていた。しかし、それへの批判は、孫盛個人の問題に止《とど》めようとした。

これをすべての史書に拡大すると、正しさを「理」により求めようとする裴松之の史学は、信頼し得る根拠を喪失し、根底から行き詰まるためであろう。さらに言えば、虚構と史実との区別が消滅していく危険性すらそこにはある。自らの「理」そのものが、虚構を含むあまたの史書を読むことで形作られていることに、裴松之自身、気づくはずだからである。そうした危険を自覚しながらも、裴松之は自らの「理」に基づき、何が正しいのかを問い続けた。

それは、史書の役割が、絶対的に正しい史実を求めることではなく、国家の正統性や勧善懲悪といった「春秋の義」を示すことにあったので、可能となる折り合いであった。史伝がたとえ物語であったとしても、史書は絶対的な事実としての正しさを記述することが目的ではないので、ある程度の虚構や過誤は見逃すことができる。こうした条件のもと、裴松之の史料批判という新たな方法論、すなわち「史」の自立は成立していた。ここに、客観的な事実を探求する「近代歴史学」とは異なる、「古典中国」における「史」の自立の特徴を求めることができるのである。

2　欧陽脩と正史

正統論

このように中国における「史」は、客観的に正しい事実を伝えることを目的とはせず、国家の正統性や儒教を基準とする正しさを表現することを目的としていた。中国における国家の正統性に関する議論は、「正統論」と総称される。中国で正統な史書として編纂されたものが正史である。

唐の律令体制を定めた太宗李世民《たいそうりせいみん》は、国家事業として正史の編纂を始めた。そうして編纂された『隋書《ずいしょ》』経籍志《けいせきし》は、編年体を古史《こし》として、紀伝体《きでんたい》・断代史《だんだいし》を原則とする正史《せいし》の次に位置づける。『史記』を起源とする紀伝体とあわせ、『漢書』のように断代史として国ごとに歴史を描く正史の体裁の基本が、ここに定まったのである。十世紀以後、国家により公認された特定の史書に「正史」の名を冠することが確立され、やがて司馬遷の『史記』に始まり、欧陽脩《おうようしゅう》の『五代史《ごだいし》記《き》』に至る十七種の紀伝体の史書が「十七史」と称される。中国国家の存立の正統性を示すために、前の国家の歴史を後の国家が編纂するという正史の考え方は、こうして確立した。これにより正統論の担い手は、経学から史学に完全に移行する。それでは、「十七史」の掉尾《ちょうび》を飾る『五《ご》代史記《だいしき》』を著した欧陽脩は、どのような正統論を展開したのであろうか。

『正統論』を完成した北宋《ほくそう》の欧陽脩は、その典拠を『春秋公羊伝《しゅんじゅうくようでん》』の「君子は正に居《を》るを大《たふと》ぶ」（隠公三年）と「王者は一統を大ぶ」（隠公元年）に求めた。欧陽脩の「正統論」の定義は、これら春秋学の範囲を大きく出るものではない。欧陽脩の正統論は、私撰の『五代史記（新五代《しんごだい》史《し》）』編纂と共に展開された。欧陽脩は、晩年、一度世に出た正統論を改訂している。両者の違いは、正統の条件の変更と当初正統としていた曹魏《そうぎ》と五代《ごだい》（九〇七～九六〇年）を正統から外したことにある。

欧陽脩が正統論を著した理由は、正史の『五代史（旧五代史）』に示された正統のあり方と、宋を火徳《かとく》とする五徳終始《ごとくしゅうし》説との矛盾を是正することにあった。薛居正《せっきょせい》が編纂した『五代史』は、後梁《こうりょう》（九〇七～九二三年）に本紀《ほんぎ》を設けて正統とすることに対して、李昉《りぼう》らの年号編纂と崇《すう》天暦《てんれき》は、後唐《こうとう》（九五一～九六〇年）が後梁を偽朝として排除したことを継承し、宋を火徳とする立場から編纂されていた。こうした矛盾を解決するため、欧陽脩は「正統」の概念を定義し、歴代国家をすべて視野に入れ、それぞれの正統を判断していく。

（『春秋公羊』）伝に、「①君子は正《せい》に居《を》るを大《たふと》ぶ」とある。また、「②王者は一統《いつとう》を大ぶ」とある。正というものは、天下の正ではないものを正すためのものである。統というものは、天下の一つではないものをあわせるためのものである。正ではないものと一つではないもののため、正統論が起こった。……（漢では）ただ（五徳終始説では）火徳《かとく》であり（三統説では）天統にあたると言った。ひどい者は、蛇《へび》や龍《りゅう》の妖祥《ようしょう》を引いて、（正統性の）証明とするに至った。王莽《おうもう》・魏《ぎ》・晉《しん》に至っても、ただ③五行相勝説《ごぎょうそうしょう》を用いるだけであった。ゆえに昧者《まいしゃ》（おろか者）の論というのである。

『居士外集《こじがいしゅう》』原正統論

欧陽脩は、このように『春秋公羊伝』隠公《いんこう》三年の①「君子大居正」と隠公元年の②「王者大一統」により、「正統」を定義した。習鑿歯が、「統」の典拠を隠公元年の「王者大一統」に求めながらも、「正」の典拠を『春秋』に求めなかったのは、「正」は③「五行相勝」などの五徳終始説により定めることが、漢から唐までの儒教の特徴だからである。欧陽脩は、それを③おろか者の論であるとする。

ここに、「古典中国」における国家の正統化理論の中心を占めていた五徳終始説は否定され、新たなる「正統論」が打ち出されたのである。

さらに、欧陽脩が経学の議論を土台としながらも、あくまでそれを史学の問題としていることに注目すべきである。正統の定義は、経書の『春秋公羊伝』に基づいている。それにも拘《かかわ》らず経学ではなく、史学で正統論を論ずるのは、正統論そのものが、『五代史』という正史への疑問から始まったことによるのであろう。換言すれば、正統とは、正史によって論ぜられるものであることを前提とした議論なのである。唐代に成立した国家の正統性を正史で定めるという史学のあり方が、正統論の担い手を経学から史学へと移させたのである。「古典中国」では、正統論は経学の中心で、鄭玄《じょうげん》の六天《りくてん》説なども、易姓革命の正統性を証明するために構築されていた。これに対して、「近世中国」では、正統論は史学を担い手とするに至ったのである。

北宋における正統論の展開を受けた南宋《なんそう》（一一二七～一二七九年）の朱熹《しゅき》は、『資治通鑑綱目《しじつがんこうもく》』を中心に自らの正統論を提示する。その際、朱熹は、自らの道統論《どうとうろん》とあわせて正統論を主張した。

朱熹の正統論は、最も端的には『資治通鑑綱目《しじつがんこうもく》』の「凡例《はんれい》」に示される。そこでは、正統とは、周・秦・漢・晉・隋・唐のように天下を統一し、二代以上続けばよい、と定義される。その際に、正・不正は、正統とは別の問題であるという。さらに、後に正統を得る「正統の始《し》」、正統を失った後の「正統の余《よ》」という規定を示したのち、「統無き時」は、正統とできない「無統」としている。

こうした正統論に基づき、朱熹は蜀漢《しょくかん》を「正統の余」であると認め、『資治通鑑綱目』では、司馬光の『資治通鑑』が曹魏の年号を用いて三国時代を記述することを否定して、蜀漢の年号を用いた。『朱子語類《しゅしごるい》』にも、それを裏付ける朱熹の言葉が記録される。

『資治通鑑綱目』の主意をお尋ねした。（朱子は）「主は正統にある」と言った。「どうして主は正統に在るのでしょう」とお尋ねした。「三国は蜀漢を正となすべきである。しかし温公（司馬光）は何と、「某年某月、諸葛亮が入寇した」と書いている。これは冠《かんむり》と履《くつ》を逆さまに着けるようなもので、どうして①訓《おしえ》を示せようか。②これによりやる気を出して書を完成させようと思ったのである。

『朱子語類』論自注書

朱熹はこのように、蜀漢は、三国の「正」であるので、諸葛亮が「入寇」するという記事の『資治通鑑』では、①「訓《おしえ》」を示すことできないという。そこで、②『資治通鑑綱目』を完成させようと思ったと述べているのである。

朱熹は、司馬光の『資治通鑑』の正閏《せいじゅん》、中でも三国時代に曹魏を正統とすることを批判し、漢という「正統の余」である蜀漢の正統性を示すために、『資治通鑑綱目』を著したのである。

朱熹の正統論は、土《つち》田《だ》健《けん》次《じ》郎《ろう》の言葉を借りれば、「驚くほど割り切った乾いた内容」である。正統論をさして重要視しないのは、朱熹だけではない。弟子たちが編纂した『朱子語類』も、『資治通鑑綱目』を朱熹が語る言葉は、わずか七条しか収録しない。正統論は、朱子学の中心課題ではない。

もちろん、朱熹が『資治通鑑綱目』をおざなりにしたわけではない。前掲した諸葛亮の「入寇」という『資治通鑑』の表現への批判のように、個人の評価については、厳格に「春秋の筆法」を用いて『資治通鑑綱目』を著している。

朱熹は、国家の「正」「不正」よりも、人のあり方の「正」「不正」を「春秋の筆法」を用いて描こうとした。国家の正統性は、正史が定めることなのである。すべての人間が聖人を目指し、皇帝に直接「帝王学」を提供することを重視する朱子学では、正統論は、『資治通鑑綱目』という編年体の史書を著すうえで、それぞれの時代の元号を定める拠り所を示すだけのものであった。

もちろん、歴史が鑑であり、『春秋』が規範である、という史学のあり方は、朱子学においても変わらない。朱子学でも、国家の正統を表現することこそ、史学の本道であった。だが、正統は、中国が統一され、諸侯が従い、法が施行されるという事実によって定まるものであり、人としてのあり方の正しさとは連動しない。こうした朱熹の理解により、「近世中国《きんせいちゅうごく》」の正統論は、史学が担うことと定まったのである。これにより、中国の史学の目的は、国家の正統性を論ずることが第一義となった。裴松之が目指した史書としての正しさの追究は二の次とされ、客観的に正しい事実を著すことを前近代の中国史学が目指すことはなくなった。その大きな原因は、中国の史書が物語を起源とする史伝から形成されていることにあると言えよう。

虚構から史実へ

甲骨文字《こうこつ》を使っていた殷《いん》は別として、金文《きんぶん》を用いた周《しゅう》から、中国は物語により歴史を表現してきた。春秋《しゅんじゅう》・戦国《せんごく》時代になると、歴史だけではなく、諸子百家の思想に説得力を増すために物語が用いられた。『韓非子《かんぴし》』など諸子の書物には、「矛盾」など日本で今も用いられる故事成語を生み出すような、心に残る興味深い物語が多く記された。

諸子から生まれた儒家が、国家の中心的な思想となっていく中でも、物語は重要な役割を果たした。『詩経《しきょう》』と『尚書《しょうしょ》』という周の金文に起源を持つ難しい経典《けいてん》を理解するために、『韓詩外《かんしがい》伝《でん》』や『尚書大伝《しょうしょたいでん》』に物語が用いられ、儒家思想の普及に大きな役割を果たした。「古典中国」が完成する後漢《ごかん》になって、経典解釈の主流が、漢字の一つひとつの意味を正確に理解する訓詁学《くんこがく》へと変わった後も、物語は経書との関わりを持ち続けた。その代表的な書物が、『春秋左氏伝《しゅんじゅうさしでん》』である。『春秋左氏伝』は、「春秋長暦」という時間軸を備え、そこに物語を配置することによって、物語を史伝へと展開した。かつて持っていた歴史との関わりを物語はこうして取り戻した。

後世から「正史」と位置づけられる『史記《しき》』と『漢書《かんじょ》』は、前漢《ぜんかん》でそれが記された際には、それぞれ『春秋』と『尚書』を手本とする思想書であった。しかし、両書もまた、『春秋左氏伝』と同様に時間軸を持ち、それに合わせて物語を記した。『史記』から始まる列伝という個人の伝記は、史書における物語の利用を容易にした。

『三国志《さんごくし》』に注を付けた裴松之《はいしょうし》は、そうした「史書」に含まれる物語の虚構に気づいていた。しかし、裴松之の史料批判は、史実の正しさを突き詰めていく方向には進まず、『春秋左氏伝』を利用した歴史上の人物の発言の虚構に、注意を喚起するに止《とど》まった。それは、注を付けた『三国志』がそうであったように、中国の史書が、客観的な歴史事実の正確さよりも、儒教に基づく正統性を尊重していたことによる。史家は、国家にとって、あるいは史家にとって正統な歴史を著すことを優先し、史伝に含まれる物語の虚構性を咎められることは少なかった。

唐《とう》代に正史が、国家によって編纂することが始められ、北宋《ほくそう》の欧陽修《おうようしゅう》が自らの儒教的な価値観に基づいて、『唐書《とうじょ》』(旧唐書《くとうじょ》)を『新唐書《しんとうじょ》』に書き改め、「正」と「統」の概念を確立して、中国の正史が国家の正統性を担保するように定めることで、中国の正史が事実よりも正統性を優先することは定まった。「近世中国」の規範を定めた南宋《なんそう》の朱熹《しゅき》も、国家の正統性は正史が定めるものとしたうえで、正統論に深入りすることはなかった。

こうして物語として始まった中国史の記録は、史書へと変貌し、二十四史に代表される国家の正統性を奏でるオード(頌《しょう》)となったのである。

あとがき

早稲田大学出版部からは、二〇二一年に選書『中国における正史の形成と儒教』を出版した。そこで述べたことは、中国における史学の儒教への従属である。中国史学は、史実を正しく記録することを二の次として、国家の支配の正統性を述べるものであった。そうであるならば、史書は物語とどのように異なるのか、という問題関心が生まれた。

ゼミの学生に法家の研究を志望するものがあり、『韓非子《かんぴし》』を読み直しているうちに、改めて『韓非子』を初めとする諸子百家の物語の活用ぶりを見て、中国の言説の大きな特徴の一つに物語の利用があるのではないかと考えた。ただ、歴史と物語の問題を考え直す、という試みは、かつて六朝期の『捜神記《そうしんき》』や『世説新語《せせつしんご》』を題材に行ったことがあった。志怪小説と呼ばれる『捜神記』の物語が、儒教の天人相関説を補強するために著されており、志人小説と呼ばれる『世説新語』の物語が、史伝として書かれていたことは、『「古典中國」おける小説と儒教』（汲古書院、二〇一七年）で明らかにできた。中国の物語は、思想や歴史の展開に深い関わりを持つ。本書は、それを解明することにより、前著の『中国における正史の形成と儒教』に繫げようとするものである。

ただ、わたしは、甲骨文字や金文は手に負えないので、その部分は尊敬する松丸道雄先生の研究成果に主として依拠した。また、褒姒《ほうじ》の研究は、科学研究費で『列女伝』の共同研究をしている仙石知子さんの「歴史物語の形成――劉向《りゅうきょう》『列女傳』巻七 孽嬖傳《げつへいでん》「周幽褒姒《しゅうゆうほうじ》」を中心に」（『日本中國學会報』七五、二〇二三年）に依拠した。また、執筆中に、落合敦思『古代中国 説話と真相』（筑摩書房、二〇二三年）が出版された。本書とよく似たテーマであるが、アプローチは異なる。中国の史書は物語で史実と違う、と指摘することよりも、なぜそうした物語が形成されたのか、という問題にわたしは興味がある。それでも重複する部分は多いので、あわせて参照されたい。

原稿のすべては、早稲田大学出版部の八尾剛己編集部長の指摘に基づき、改めるべきところを改めさせていただいた。記して感謝する。

二〇二四年十月六日　唐津　洋々閣にて

渡邉　義浩

参考文献

はじめに・第一章

落合淳思『殷代史研究』（朋友書店、二〇一二年）
井上源吾『周公摂政説話』（葦書房、一九九二年）
松丸道雄（編）『西周青銅器とその国家』（東京大学出版会、一九八〇年）
佐藤信弥「「三監の亂」説話の形成―清華簡『繫年』第三章より見る」（『漢字學研究』二、二〇一四年）
渡邉義浩「殷周革命をめぐる物語の展開」（『早稲田大学大学院文学研究科紀要』七〇、二〇二五年）
池田秀三「『尚書大伝』初探」（『中村璋八博士古稀記念東洋学論集』汲古書院、一九九六年）
仙石知子「歴史物語の形成――劉向『列女傳』巻七 孽嬖傳「周幽褒姒」を中心に」（『日本中國學会報』七五、二〇二三年）

第二章・第三章

加賀栄治『中国古典定立史』（汲古書院、二〇一六年）
落合敦思『古代中国 説話と真相』（筑摩書房、二〇二三年）
渡邉義浩「覇者の物語」（『日本儒教学会十年記念論集』日本儒教学会、二〇二五年）
渡邉義浩『『論語』孔子の言葉はいかにつくられたか』（講談社、二〇二一年）
渡邉義浩「『荘子』の孔子像」（『日本儒教学会報』九、二〇二五年）

第四章・第五章

野間文史『春秋左氏伝 その構成と基軸』（研文出版、二〇一〇年）
渡邉義浩『『韓非子』入門』（ミネルヴァ書房、二〇二四年）
渡邉義浩「韓嬰と『韓詩外傳』」（『中国文化 研究と教育』八二、二〇二四年）
渡邉義浩「『韓詩内傳』と「物語」」（『東洋研究』二三二、二〇二四年）
渡邉義浩『中国における正史の形成と儒教』（早稲田大学出版部、二〇二一年）

第六章・おわりに

福井重雅『漢代儒教の史的研究——儒教の官學化をめぐる定説の再検討』（汲古書院、二〇〇六年）
土田健次郎『朱熹の思想体系』（汲古書院、二〇一九年）
渡邉義浩『儒教と中国「二千年の正統思想」の起源』（講談社、二〇一〇年）
渡邉義浩『三国志 演義から正史、そして史実へ』（中公新書、二〇一一年）
渡邉義浩『「古典中國」における史學と儒教』（汲古書院、二〇二二年）

図版出典

はじめに

図0-1　甲骨文字　松丸道雄・永田英正『《ビジュアル版》世界の歴史5 中国文明の成立』(講談社、一九八五年)
図0-2　大盂鼎　飯島武次「殷王朝滅亡の原因を探る」(『駒沢史学』九八、二〇二二年)
図0-3　殷周時代の青銅器　松丸道雄・永田英正『《ビジュアル版》世界の歴史5 中国文明の成立』(講談社、一九八五年)

第一章

図1-2　鎬京と洛邑　『明解世界史図説 エスカリエ 十五訂版』(帝国書院、二〇二三年)所収の地図をもとに作成

第二章

図2-1　春秋の五覇　『明解世界史図説 エスカリエ 十五訂版』(帝国書院、二〇二三年)所収の地図をもとに作成
図2-2　反坫　聶崇義(集註)・菊池南陽(校)『新定三礼図』(日本橋南(東都):崇文堂、一七九〇年)

第三章
図3-1　孔子像　渡邉義浩 撮影
図3-2　顔回像　渡邉義浩 撮影

第四章
図4-1　戦国の七雄　『明解世界史図説 エスカリエ 十五訂版』（帝国書院、二〇二三年）所収の地図をもとに作成
図4-2　秦の中国統一　『明解世界史図説 エスカリエ 十五訂版』（帝国書院、二〇二三年）所収の地図をもとに作成

渡邉義浩（わたなべ・よしひろ）

早稲田大学常任理事・文学学術院教授。東京都出身。文学博士。専攻は「古典中国」学。主な著訳書に『後漢国家の支配と儒教』（雄山閣出版）『後漢における「儒教国家」の成立』（汲古書院）『「古典中国」における文学と儒教』（同）『三国志よりみた邪馬台国』（同）『「三国志」の政治と思想』（講談社選書メチエ）『儒教と中国――「二千年の正統思想」の起源』（同）『魏武注孫子』（講談社学術文庫）『始皇帝 中華統一の思想――『キングダム』で解く中国大陸の謎』（集英社新書）『「十八史略」で読む「三国志」――横山「三国志」で迫る具体像』（潮新書）『中国における正史の形成と儒教』（早稲田選書）『三国志――演義から正史、そして史実へ』（中公新書）『孫子――「兵法の真髄」を読む』（同）『論語集解――魏・何晏（集解）（上／下）』（早稲田文庫）『後漢書 本紀［一］／本紀［二］／志［一］／志［二］／列伝［一］／列伝［二］』（同）など多数。

早稲田新書027

虚構《きょこう》から史実《しじつ》へ
―中国史書《ちゅうごくししょ》による国家《こっか》の正統化《せいとうか》について―

2025年５月９日　初版第１刷発行

著　者　渡邉義浩
発行者　須賀晃一
発行所　株式会社 早稲田大学出版部
〒169-0051　東京都新宿区西早稲田１-９-12
電話 03-3203-1551
https://www.waseda-up.co.jp
印刷・製本・装丁　　精文堂印刷株式会社

ISBN：978-4-657-25004-9

早稲田新書の刊行にあたって

いつの時代も、わたしたちの周りには問題があふれています。一人一人が抱える問題から、家族や地域、国家、人類、世界が直面する問題まで、解決が求められています。それらの問題を正しく捉え解決策を示すためには、知の力が必要です。整然と分類された情報である知識。日々の実践から養われた知恵。これらを統合する能力と働きが知です。

早稲田大学の田中愛治総長（第十七代）は答のない問題に挑戦する「たくましい知性」と、多様な人々を理解し尊敬して協働できる「しなやかな感性」が必要であると強調しています。知はわたしたちの問題解決によりどころを与え、新しい価値を生み出す源泉です。日々直面する問題に圧倒されるわたしたちの固定観念や因習を打ち砕く力です。「早稲田新書」はそうした統合の知、問題解決のために組み替えられた応用の知を培う礎になりたいと希望します。それぞれの時代が直面する問題に一緒に取り組むために、知を分かち合いたいと思います。

早稲田で学ぶ人。早稲田で学んだ人。早稲田で学びたい人。早稲田で学びたかった人。早稲田とは関わりのなかった人。これらすべての人に早稲田大学が開かれているように、「早稲田新書」も開かれています。十九世紀の終わりから二十世紀半ばまで、通信教育の『早稲田講義録』が勉学を志す人に早稲田の知を届け、彼ら彼女らを知の世界に誘いました。「早稲田新書」はその理想を受け継ぎ、知の泉を四荒八極まで届けたいと思います。

早稲田大学の創立者である大隈重信は、学問の独立と学問の活用を大学の本旨とすると宣言しています。知の独立と知の活用が求められるゆえんです。知識と知恵をつなぎ、知性と感性を統合する知の先には、希望あふれる時代が広がっているはずです。

読者の皆様と共に知を活用し、希望の時代を追い求めたいと願っています。

２０２０年12月　須賀晃一